Arbeitsheft

Mathematik real Klasse 5 Nordrhein-Westfalen

LÖSUNGEN

Cornelsen

Redaktion: Dr. Alexander Westphal

Illustration: Joachim Gottwald, Berlin
Grafik: Christian Görke
Umschlaggestaltung: hawemannundmosch, Berlin
Technische Umsetzung: Ralf Franz, CMS – Cross Media Solutions GmbH

Bildnachweis
Titel: D-Luftbild/Horst W. Bühne; 4/1, 7/1, 8/1 Shutterstock; 9/1 Shutterstock/Africa Studio;
13/1 Shutterstock/Renata Sedmakova; 14/1 Fotolia/Kitty; 15/1 Shutterstock/Juan Luis Elgueta;
17/1 Fotolia/ Marilyn Barbone; 17/2 Shutterstock; 21/1 Fotolia/Carmen Steiner; 25/1 Fotolia/mirkograul;
31/1 Shutterstock/paper_Owl; 33/1 Shutterstock/Scanrail1; 38/1 Fotolia/grafikplusfoto; 43/1 Shutterstock/Mulevich;
45/1 Shutterstock/Igoror; 47/1 Shutterstock/TandemBranding; 49/1 Shutterstock/Peter Zijlstra;
55/1 Shutterstock/romakoma; 61/1 Shutterstock/ ; 61/2 Fotolia/Herrndorff; 65/1 Shutterstock/Jacob_09

Dieses Heft gehört:		Klasse:	

Umfragen planen, Daten sammeln

▶ Grundwissen

Ein Fragebogen enthält alle Fragen, auf die man gern eine Antwort hätte. Der Befragte soll seine Antwort auf dem Fragebogen eintragen können. Bei einer Umfrage (oder Datenerhebung) werden mehrere Antworten oder Beobachtungsergebnisse gesammelt.

Zum einfachen Zählen der Ergebnisse hilft eine **Strichliste** .

Man bündelt immer **fünf** Striche zu einem Päckchen, um schneller abzählen zu können.

Die Zahl, die angibt, wie oft eine Antwort gegeben wurde, nennt man **Häufigkeit** .

▶ Auftrag: Vervollständige den Lückentext.

Trainieren

1 a) Trage die Häufigkeiten ein.

Farbe	Strichliste	Häufigkeit
rot	///	3
grün	~~////~~	5
blau	//	2
gelb	~~////~~ /	6

b) Fülle die Strichliste aus.

Tierart	Strichliste	Häufigkeit
Löwe	~~////~~ ///	8
Tiger	////	4
Giraffe	///	3
Nashorn	~~////~~ ~~////~~ /	11

2 Entnimm jeweils den Texten die zugehörigen Werte, ergänze die Tabellen und beantworte die Fragen

a) Susi chattet täglich mit ihren Freundinnen aus vielen Städten in Deutschland. Vier Chat-Partnerinnen stammen aus Köln, sieben aus Berlin, fünf aus Frankfurt und drei aus Hannover. Aus welcher Stadt stammen die meisten Chat-Freundinnen.

Ort	Häufigkeit	Strichliste
Köln	4	////
Berlin	7	~~////~~ //
Frankfurt	5	~~////~~
Hannover	3	///

Susi hat in Berlin die meisten Kontakte.

b) Katrin, Alex und Dirk laufen an zwölf Tagen hintereinander um die Wette. Katrin war viermal Gewinner, Alex gewann sechsmal und Dirk konnte zweimal als Erster durch das Ziel laufen. Wer von den Dreien hat die meisten Läufe gewonnen?

Person	Häufigkeit	Strichliste
Katrin	4	////
Alex	6	~~////~~ /
Dirk	2	//

Insgesamt hat Alex gewonnen.

3 Fülle jeweils die Tabelle aus.

Wirf 20-mal zwei Würfel gleichzeitig und berechne jeweils die Augensumme.
Wie häufig ist die Augensumme

		Strichliste	Häufigkeit
a)	gleich 12?	**Lösung**	**individuell**
b)	größer als 6?	**Lösung**	**individuell**

4 Ein Fragebogen zum Thema Fernsehen soll erstellt werden.

a) Schreibe drei Fragen auf.

z. B. **Habt ihr zuhause einen Fernseher?**

Hast du in deinem Zimmer einen eigenen Fernseher?

Welche Sendungen schaust du dir im Fernsehen gerne an?

b) Schreibe einige mögliche Antworten dazu.

z. B. **Habt ihr zuhause einen Fernseher? Ja ☐ Nein ☐**

Hast du in deinem Zimmer einen eigenen Fernseher? Ja ☐ Nein ☐

Welche Sendungen schaust du dir im Fernsehen gerne an? Spielfilme ☐ Fernsehserien ☐

Sport ☐ Nachrichten ☐ Dokumentarfilme ☐ Fernsehshows ☐ Talkshows ☐ Sonstiges ☐

5 Eine Fastfood-Kette beobachtet das Kaufverhalten ihrer Kunden. Schreibe drei Dinge auf, die bei der Beobachtung interessant sein könnten.

z. B. **Gibt es viele Familien, die ins Restaurant kommen?**

Wie lange müssen die Kunden anstehen, bis sie bedient werden?

Scheinen die Kunden mit der Qualität der Produkte zufrieden zu sein?

Anwenden und Vernetzen

6 Welche Sportarten betreiben deine Mitschüler?

a) Erstelle einen Fragebogen für eine solche Umfrage.

Alter: Jahre; Geschlecht: m ☐ w ☐

Treibst du gerne Sport? Ja ☐ Nein ☐

Welche Sportart betreibst du? (Mehrfachnennungen möglich)

Fußball ☐ Handball ☐ Basketball ☐ Tennis ☐ Tischtennis ☐ Badminton ☐

Schwimmen ☐ Golf ☐ Turnen ☐ Joggen ☐ Leichtathletik ☐ Sonstiges ☐

b) In der Klasse 5 b fehlten am Tag der Umfrage 2 Schüler. Das Ergebnis lautete:

Ich treibe keinen Sport ~~////~~ /// — Ich spiele Handball //// — Ich schwimme ~~////~~
Ich spiele Tennis /// — Ich spiele Fußball ~~////~~ /

Welche Sportart ist am beliebtesten?

Die beliebteste Sportart ist Fußball.

Welche andere Sportart hätte als Beliebteste gewählt werden können, wenn die beiden fehlenden Schüler anwesend gewesen wären?

Als beliebteste Sportart hätte Schwimmen mit 7 Schülern gewählt werden können. Hätten beide Schüler Handball gewählt, dann wäre bei Handball und Fußball die Häufigkeit 6.

Daten vergleichen

▶ Grundwissen

Den größten Wert einer Datenmenge nennt man **Maximum**. Der kleinste Wert heißt **Minimum**.
Die **Spannweite** bezeichnet die Differenz zwischen dem Maximum und dem Minimum.

Körpergröße in cm: 161; 179; 158; 163; 170; 181; 172; 182; 157; 175

Maximum: 182 cm Minimum: 157 cm Spannweite: 182 cm – 157 cm = 25 cm

▶ Auftrag: Bestimme das Maximum, das Minimum und die Spannweite.

Trainieren

1 Lies die Datenlisten genau durch und bestimme das Maximum und das Minimum.

a)

Name	Zeit (in Minuten)
Sabine	12
Georg	10
Jasmin	15
Sandra	9
Thomas	17
Bärbel	11
Olivia	8
Jan	13

Maximum: 17 Minuten

Minimum: 8 Minuten

b)

Ort	Temperatur	Regenmenge
Kiel	18°	10 Liter
Hannover	19°	7 Liter
Leipzig	23°	3 Liter
Essen	21°	1 Liter
Köln	22°	3 Liter
Dresden	25°	4 Liter
Nürnberg	19°	8 Liter

Temperatur: Maximum: 25°

Minimum: 18°

Regen: Maximum: 10 Liter

Minimum: 1 Liter

2 Beim Seilhüpfen ergab sich die folgende Tabelle.
Bestimme die Spannweite der Wiederholungen.

Schüler	1	2	3	4	5	6	7	8
Wiederholungen	32	28	46	37	52	39	33	41

Maximum: 52 Minimum: 28 Spannweite: 52 – 28 = 24

3 Ordne die Zahlen der Größe nach. Fange mit der kleinsten Zahl an.
Bestimme das Maximum und das Minimum und berechne die Spannweite.

a) 44, 56, 45, 55, 67, 34,73, 72, 66, 45

34 44 45 45 55 56 66 67 72 73

Maximum: 73 Minimum: 34 Spannweite: 73 – 34 = 39

b) 123, 345, 321, 452, 342, 542, 263, 472, 444, 299

123 263 299 321 342 345 444 452 472 542

Maximum: 542 Minimum: 123 Spannweite: 542 – 123 = 419

4 Lies die Listen der Flüsse und/oder Ströme, die Nordrhein-Westfalen durchfließen und die Liste von Bergen und Erhebungen in Nordrhein-Westfalen genau durch und bestimme jeweils das Maximum, das Minimum und die Spannweite.

Flüsse und/oder Ströme:
Sieg (155 km)
Weser (432 km)
Heller (30 km)
Bröl (45 km)
Agger (69 km)
Lindlarer Sülz/Sülz (48 km)
Wiehl (33 km)
Wupper (116 km)
Erft (106 km)
Ruhr (221 km)
Henne (23 km)
Wenne (31 km)
Möhne (65 km)
Lenne (129 km)
Volme (50 km)
Emscher (83 km)
Lippe (220 km)

Maximum: Weser: 432 km

Minimum: Henne: 23 km

Spannweite: 432 km – 23 km = 409 km

Berge und Erhebungen:
Rammelsberg (637 m), Rothaargebirge
Kahler Asten (842 m), Rothaargebirge
Clemensberg (839 m), Rothaargebirge
Wurzelbrink (318 m), Wiehengebirge
Hopperkopf (832 m) Rothaargebirge
Hunau (817 m) Rothaargebirge
Ziegenhelle (816 m), Rothaargebirge
Drachenfels (321 m), Siebengebirge
Heidbrink (320 m), Wiehengebirge
Langenberg (843 m) Rothaargebirge
Stein (644 m) Rothaargebirge
Homberg (630 m),Rothaargebirge
Röhrenspring (629 m), Rothaargebirge
Lahnkopf (625 m), Kreis Siegen-Wittgenstein
Wehberg (525 m), Naturpark Arnsberger Wald
Bilstein (620 m), Briloner Höhen
Vaalserberg (322 m) Aachener Wald

Maximum: Langenberg: 843 m

Minimum: Wurzelbrink: 318 m

Spannweite: 843 m – 318 m = 525 m

Anwenden und Vernetzen

5 Ein Schuldirektor würde gerne in diesem Jahr folgende Bereiche der Schule erneuern lassen: Sportplatz, Turnhalle, Klassenzimmer, Lehrerzimmer, Sekretariat und Computerraum. Ihm steht leider nur für die Renovierung zweier Zimmer Geld zur Verfügung. Deswegen entschließt er sich, die anderen Lehrer darüber abstimmen zu lassen. Jeder Kollege hat genau eine Stimme. Das Abstimmungsergebnis wird in dem folgenden Kreisdiagramm dargestellt:

a) Achte auf die Farben und die daneben stehenden Zahlen und Namen. Benenne das Maximum und das Minimum mit Namen und Stimmenanzahl.

b) Was wird renoviert?

c) Welche Spannweite hat die Abstimmung?

d) Wie viele Lehrer hat die Schule mit Direktor?

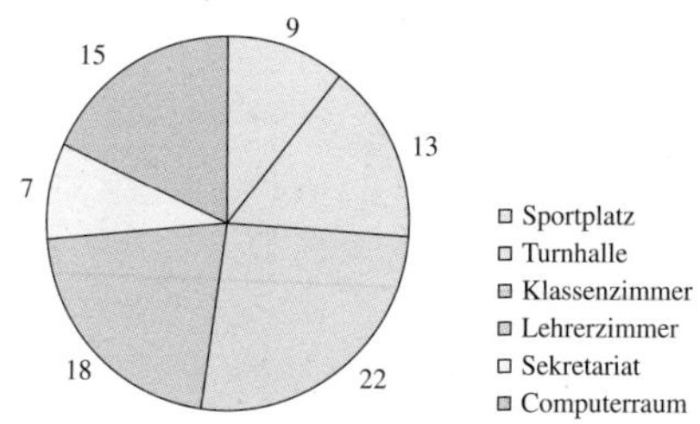

a) Maximum: Klassenzimmer: 22 Stimmen

Minimum: Sekretariat: 7 Stimmen

b) Antwort: Das Klassenzimmer und das Lehrerzimmer werden renoviert.

c) 22 Stimmen – 7 Stimmen = 15 Stimmen

Die Spannweite beträgt 15 Stimmen.

d) 9 + 13 + 22 + 18 + 7 + 15 + 1 = 85

Die Schule hat 85 Lehrer.

Daten in Diagrammen darstellen

▶ Grundwissen

Wichtige Arten von Diagrammen sind **Säulendiagramm**, **Balkendiagramm** und **Figurendiagramm**.
Bei diesen Diagrammen kann man die Werte mit der größten und der kleinsten Häufigkeit sofort erkennen.

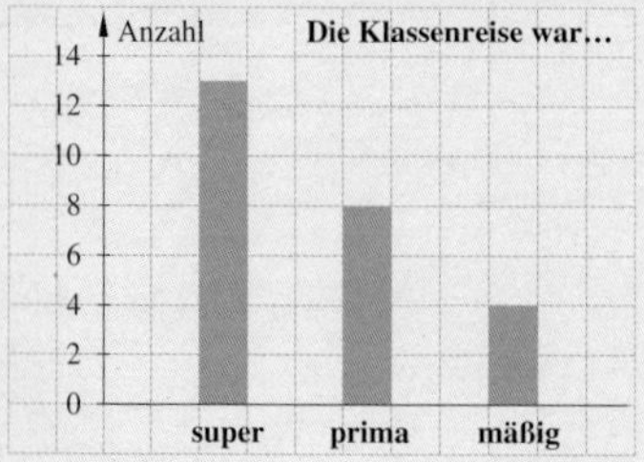

Die Klassenreise war super. 13 Stimmen

Die Klassenreise war prima. 8 Stimmen

Die Klassenreise war mäßig. 4 Stimmen

▶ Auftrag: Entnehme dem Säulendiagramm die zugehörigen Daten.

Trainieren

1 Fasse folgende Angaben in einer Tabelle zusammen.

– Carola hat eine Schwester. Sie ist 18 Jahre alt.
– Paul hat zwei Brüder. Sie sind 5 und 9 Jahre alt.
– Samira hat keine Geschwister.
– Joshua hat zwei Schwestern und einen Bruder. Sie sind 2, 8 und 14 Jahre alt.

Name	Anzahl d. Geschwister	Anzahl der Brüder	Anzahl der Schwestern	Alter d. Geschwister
Carola	1	0	1	18
Paul	2	2	0	5; 9
Samira	0	0	0	–
Joshua	3	1	2	2; 8; 14

2 Das Schaubild zeigt die Wahlbeteiligung in den USA und Deutschland.

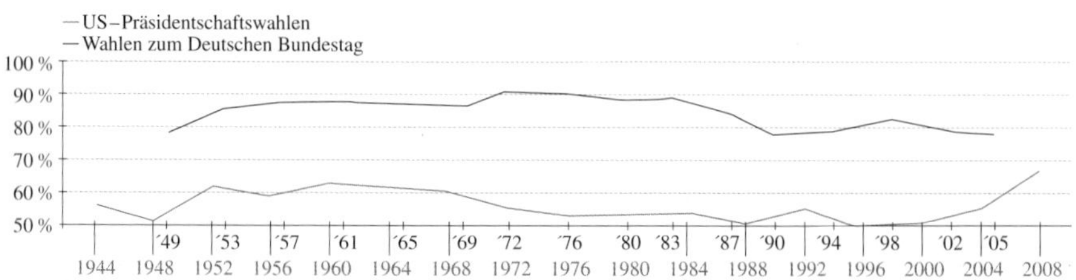

a) In welchem Land war die Wahlbeteiligung höher? **In Deutschland war die Wahlbeteiligung höher.**

b) Wie hoch war die Wahlbeteiligung 1968 in den USA? **Die Wahlbeteiligung betrug rund 60 %.**

c) Wann war die Wahlbeteiligung in den USA am höchsten? **2008 war die Wahlbeteiligung am höchsten.**

3 Peter beobachtet von seinem Fenster aus einige Zeit die Straße. Dabei zählt er die verschiedenen Automarken der vorbeifahrenden Fahrzeuge und schreibt sie in einer Strichliste auf. Es kamen vier Opel, sieben Volkswagen, drei Mercedes, zwei Ford und fünf Renault vorbei.

Wie sieht seine Strichliste aus? Stelle Peters Daten in einem Säulendiagramm dar. Achte auf die Einteilung und die Beschriftung!

Automarke	Strichliste
Opel	////
Volkswagen	~~////~~ //
Mercedes	///
Ford	//
Renault	~~////~~

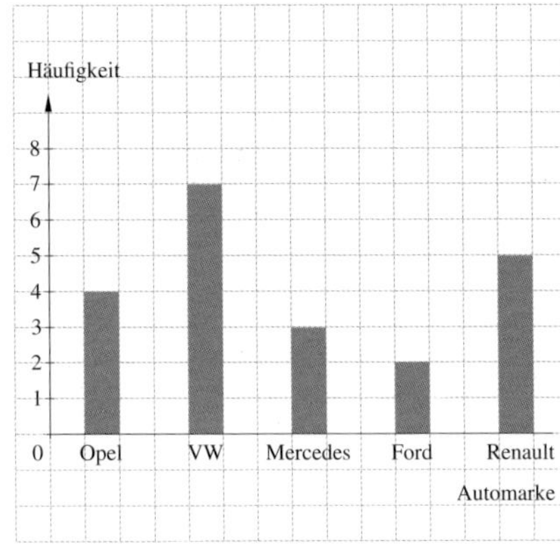

Anwenden und Vernetzen

4 In dem Diagramm sind die ungefähren Einwohnerzahlen dreier Dörfer dargestellt.

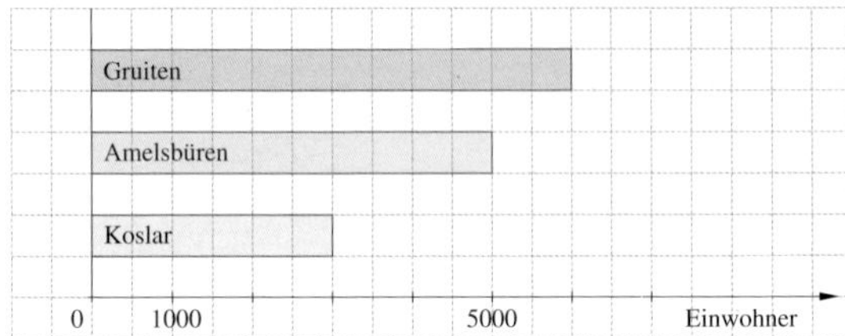

a) Lies die Einwohnerzahlen genau ab und trage sie ein!

Gruiten **6000 Einwohner**

Amelsbüren **5000 Einwohner**

Koslar **3000 Einwohner**

b) Welches Dorf hat die meisten Einwohner?

Das Dorf Gruiten hat die meisten Einwohner.

c) Kannst du das Dorf mit den wenigsten Einwohnern dem Diagramm direkt entnehmen? Begründe.

Das Dorf Koslar hat die wenigsten Einwohner, denn im Diagramm ist der Balken für die Einwohneranzahl am kürzesten.

d) Vergleiche das Diagramm mit einer Strichliste und einer Tabelle und versuche Vor- und Nachteile dieser Darstellungen zu erklären.

Im Diagramm und in der Strichliste werden Daten veranschaulicht und große Unterschiede werden auf einen Blick ersichtlich. Bei geringen Unterschieden sind diese Darstellungsformen weniger geeignet. In diesem Fall ist es besser, die Daten in einer Tabelle anzuordnen.

Natürliche Zahlen ordnen und vergleichen

▶ Grundwissen

Die **Menge der natürlichen Zahlen** wird mit **N** bezeichnet. **N** = {0; 1; 2; 3; 4; …}
Am **Zahlenstrahl** kann man Zahlen übersichtlich darstellen.
Der Zahlenstrahl beginnt bei Null. Eine größte Zahl gibt es nicht.
Der **Vorgänger** einer natürlichen Zahl steht direkt links neben ihr
Der **Nachfolger** einer natürlichen Zahl steht direkt rechts neben ihr.

Vorgänger	Zahl	Nachfolger
12	13	14
27	28	29
99	100	101

Vorgänger	Zahl	Nachfolger
39	40	41
257	258	259
500	501	502

▶ Auftrag: Ergänze die Tabellen.

Trainieren

1 Vergleiche. Setze das richtige Zeichen (< oder >) ein.

254 332 > 254 323   496 576 > 78 564   1 857 762 > 1 099 987   305 999 < 350 444

2 Ordne die Zahlen der Größe nach.

a) 5203; 235; 523; 2305; 5230; 253; 2053; 5032

235 < 253 < 523 < 2053 <
2305 < 5032 < 5203 < 5230

b) 50 Millionen; 500 Milliarden; 5 Billionen; 50 Milliarden

50 Millionen < 50 Milliarden <
500 Milliarden < 5 Billionen

3 Welche Ziffern kannst du für das Sternchen einsetzen, damit eine wahre Aussage entsteht?

a) 564 < 5*4 7, 8 oder 9   b) 987 *54 < 987 354 0, 1 oder 2

c) 6214 > 521* jede Ziffer   d) 1 208 104 > 1 208 *04 0

4 Markiere auf dem Zahlenstrahl.

a) ① 8000 ② 18 000 ③ 26 000 ④ 31 000

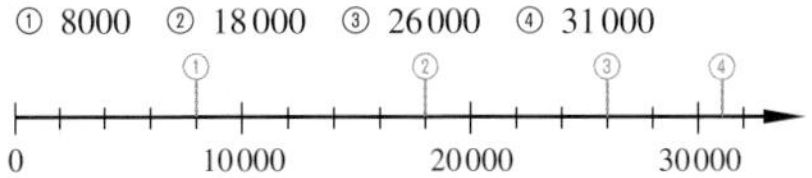

b) ① 6000 ② 11 000 ③ 19 000 ④ 27 000

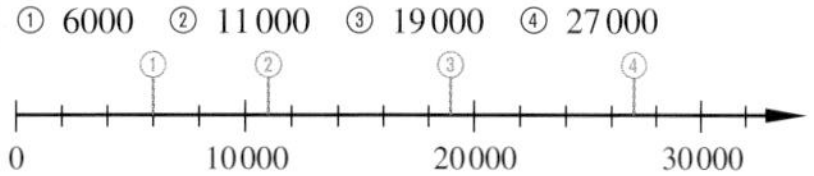

5 Welche Zahlen gehören zu den Buchstaben am Zahlenstrahl?

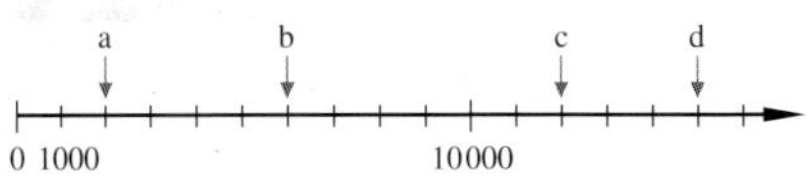

a) 2000   b) 6000
c) 12 000   d) 15 000

6 Zeichne jeweils einen Zahlenstrahl und markiere die Lage der Zahlen.

a) 0, 5, 10, 30, 45, 50, 65, 75, 90, 105, 115, 120

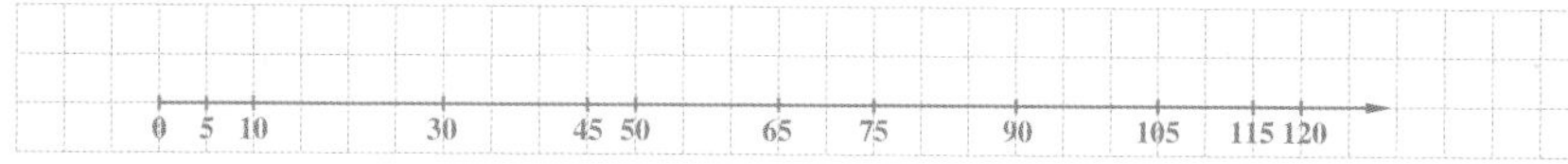

b) 260, 265, 285, 290, 300, 305, 315, 330, 345, 360

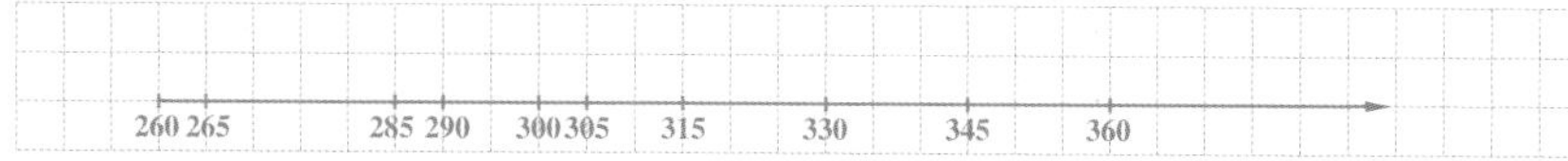

7 Vergleiche die Zahlen, indem du das richtige Zeichen (< oder >) einträgst.

a)

	103	130	303	310
105	>	<	<	<
115	>	<	<	<
150	>	>	<	>
510	>	>	>	>
5001	>	>	>	>

b)

	1001	1010	1100	11 000
9099	>	>	>	<
9900	>	>	>	<
1009	>	<	<	<
1090	>	>	<	<
1019	>	>	<	<

Anwenden und Vernetzen

8 Der Flughafen Düsseldorf wird jährlich von vielen Fluggästen benutzt. Ordne die Anzahl der Passagiere der Größe nach. In welchem Jahr sind die meisten Menschen von, nach und über Düsseldorf geflogen?
1996: 3 770 166; **1997:** 4 271 919; **1998:** 4 165 158; **1999:** 5 925 154; **2000:** 5 825 134

3 770 166 < 4 165 158 < 4 271 919 < 5 825 134 < 5 925 154

Im Jahr 1999 hatte Düsseldorf die meisten Passagiere.

9 a) Beim Umzug von Tina und Tim sind die Kisten unterschiedlich schwer. Sie haben eine Kiste mit Küchenzubehör, die 25 300 Gramm wiegt. Eine Kiste mit Büchern wiegt 52 200 Gramm. Eine Kiste mit Bettwäsche wiegt 12 800 Gramm. Eine Kiste mit Kleidung wiegt 21 700 Gramm. Eine Kiste mit Brettspielen wiegt 22 600 Gramm.

Die letzte Kiste mit Krimskrams wiegt 2 900 Gramm. Da die beiden anfangs noch viel Kraft haben, wollen sie die Kisten nach ihrem Gewicht so ordnen, dass sie die leichteste zum Schluss tragen müssen.

52 200 g > 25 300 g >
22 600 g > 21 700 g >
12 800 g > 2900 g

b) Zeichne auf einem Zahlenstrahl mit geeigneter Einteilung die Zahlen ein.

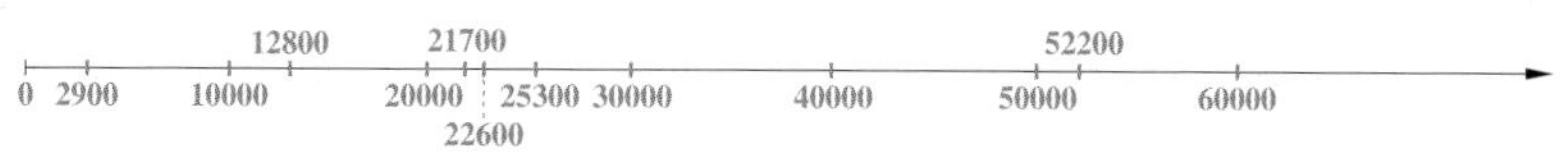

Große natürliche Zahlen im Dezimalsystem

▶ **Grundwissen**

1 Million = 1 000 000 1 Milliarde = 1 000 000 000 1 Billion = 1 000 000 000 000

▶ Auftrag: Schreibe die angegebenen Zahlworte mit Ziffern.

Trainieren

1 Vervollständige.

HMrd.	ZMrd.	Mrd.	HMio.	ZMio.	Mio.	HT	ZT	T	H	Z	E	
							8	7	1	5	0	siebenundachtzigtausendeinhundertfünfzig
				1	8	2	3	0	0	0	0	achtzehn Millionen zweihundertdreißigtausend
					2	0	0	6	0	0	0	zwei Millionen sechstausend
		5	4	3	0	0	0	0	0	0	0	fünf Milliarden vierhundertdreißig Millionen
				5	4	0	0	5	0	3	0	vierundfünfzig Millionen fünftausenddreißig

2 Lies die markierten Zahlen ab.

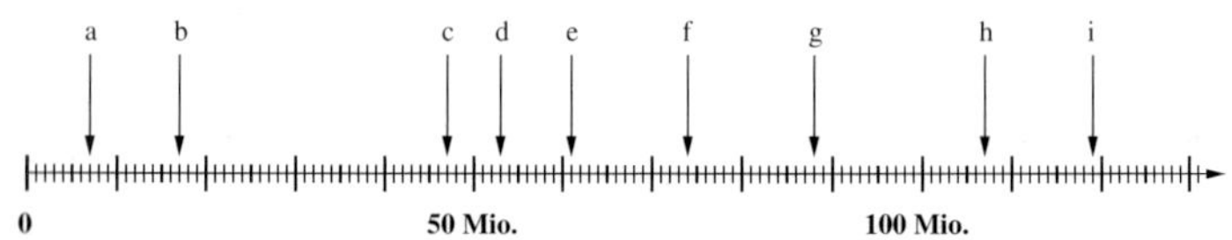

a = 7 Mio. b = 17 Mio. c = 47 Mio.

d = 53 Mio. e = 61 Mio. f = 74 Mio.

g = 88 Mio. h = 107 Mio. i = 119 Mio.

3 Markiere auf dem Zahlenstrahl die folgenden Zahlen.

a) 40 Millionen b) 80 000 000 c) 125 000 000 d) 62 Millionen

e) 95 Millionen f) 12 000 000 g) 19 000 000 h) 33 000 000

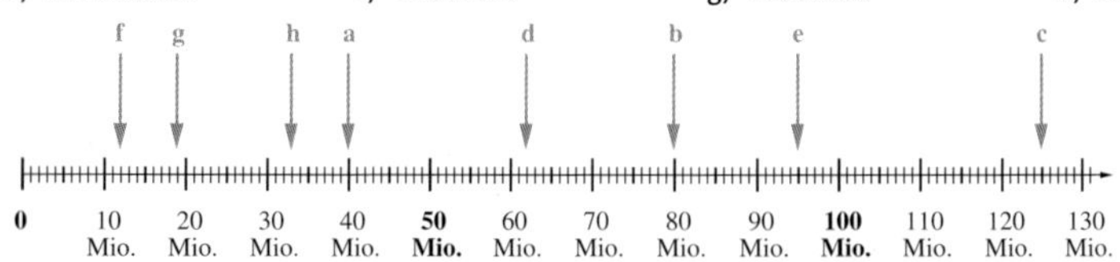

4 Notiere, auf welche Zahlen die Pfeilspitzen treffen.

a)

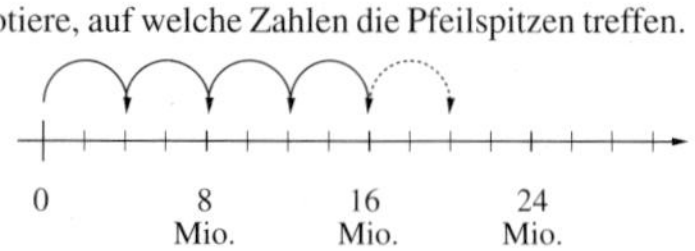

4 Mio., 8 Mio., 12 Mio., 16 Mio., …

b)

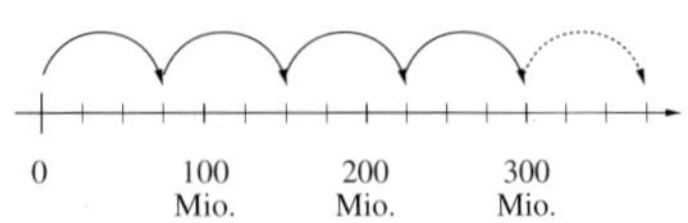

75 Mio., 150 Mio., 225 Mio., …

5 Gib von folgenden Zahlen die um 1 kleinere Zahl und die um 1 größere Zahl an.

a) 16 860
16 859; 16 861

b) 74 999
74 998; 75 000

c) 156 000
155 999; 156 001

d) 5 000 999
5 000 998; 5 001 000

e) 7 000 000
6 999 999; 7 000 001

f) 13 999 999 999
13 999 999 998; 14 000 000 000

6 Schreibe mit Ziffern

a) dreiundachtzigtausendfünfzehn 83 015

b) sieben Millionen einhundertsechstausend 7 106 000

c) fünf Milliarden eine Million dreizehntausend 5 001 013 000

d) eine Billion zehn Milliarden zweihunderttausendundfünf 1 010 000 200 005

7 Trage die folgenden Zahlen in die Stellenwerttafel ein.

a) 23 Milliarden b) 6 000 050 c) 105 Milliarden

d) 37 512 000 000 e) 35 000 000 000 000 f) 690 544 112 090 150

	HBio.	ZBio	Bio.	HMrd.	ZMrd.	Mrd.	HMio.	ZMio.	Mio.	HT	ZT	T	H	Z	E
a)					2	3	0	0	0	0	0	0	0	0	0
b)									6	0	0	0	0	5	0
c)				1	0	5	0	0	0	0	0	0	0	0	0
d)					3	7	5	1	2	0	0	0	0	0	0
e)		3	5	0	0	0	0	0	0	0	0	0	0	0	0
f)	6	9	0	5	4	4	1	1	2	0	9	0	1	5	0

Anwenden und Vernetzen

8 Hier findest du die Bevölkerungszahlen einiger Mitgliedsstaaten der Europäischen Union (EU).

a) Ordne sie der Größe nach. Beginne mit dem Land, das die geringste Einwohnerzahl hat.

b) Suche in deinem Atlas die jeweilige Hauptstadt des Landes und trage sie in die Tabelle ein.

Mitgliedsstaat	Bevölkerungszahl	Rangfolge	Hauptstadt
Ungarn	10 000 000	2	Budapest
Deutschland	82 000 000	4	Berlin
Großbritannien	61 000 000	3	London
Schweden	9 300 000	1	Stockholm

Die römischen Zahlen

▶ Grundwissen

Alle Zahlen im römischen Zahlensystem werden aus diesen Zeichen gebildet.
I = 1 V = 5 X = 10 L = 50 C = 100 D = 500 M = 1000

Weiterhin gibt es folgende Regeln für die Anordnung der Zahlzeichen.

1. Schreibt man ein Zahlzeichen mehrmals hintereinander, so werden die Zahlen addiert .
2. Addiert wird auch, wenn rechts neben einem Zahlzeichen ein anderes mit einem kleineren Zahlenwert steht.
3. Schreibt man ein kleineres Zahlzeichen vor ein größeres Zahlzeichen, so wird subtrahiert .
4. Die Zeichen V , L und D werden in einer Zahl höchstens einmal verwendet.
5. Die Zeichen I , X , C und M werden höchstens dreimal hintereinander geschrieben.

▶ **Auftrag:** Vervollständige den Lückentext.

Trainieren

1 Lies und schreibe mit unseren Zahlzeichen.

a) XXXV = 35 b) LXVIII = 68
c) XXVI = 26 d) XLVII = 47
e) CXXI = 121 f) XCIX = 99
g) DCCCLXI = 861 h) MDCXXXI = 1631
i) MMXLV = 2045 j) MMMCDIX = 3409

2 Schreibe mit römischen Zahlzeichen.

a) 17 = XVII b) 24 = XXIV
c) 19 = XIX d) 64 = LXIV
e) 97 = XCVII f) 278 = CCLXXVIII
g) 404 = CDIV h) 689 = DCLXXXIX
i) 929 = CMXXIX j) 1451 = MCDLI

3 Wandle um und berechne.

a) XXXV + VIII = 35 + 8 = 43
b) LXXIV – IX = 74 – 9 = 65
c) XCVIII + DCCCXXIX = 98 + 829 = 927
d) MMMCCXXIII – DIII = 3223 – 503 = 2720

4 Lege jeweils ein Streichholz so um, dass die Rechnung stimmt.

a) I — II = II → I + I = II
1 – 2 = 2 ist falsch 1 + 1 = 2

b) X I + I = X → X + I = X I
11 + 1 = 10 ist falsch 10 + 1 = 11

c) V I — I V = I X → V + I V = I X oder V I + I V = X
6 – 4 = 9 ist falsch 5 + 4 = 9 oder 6 + 4 = 10

d) X X + I = X I X → z. B. X I X + I = X X
20 + 1 = 19 ist falsch 19 + 1 = 20

Anwenden und Vernetzen

5 DIESER TEXT HANDELT VON RÖMISCHEN ZAHLZEICHEN UND NICHT VON EINEM XYLOPHON.

a) Schreibe alle im Text enthaltenen römischen Zahlzeichen heraus, die im römischen Zahlensystem vorkommen.

D, I, X, D, L, V, M, I, C, L, I, C, D, I, C, V, I, M; X, L

b) Addiere nun die einzelnen Zahlen. Was kommt raus?

1000 + 1000 + 500 + 500 + 500 + 100 + 100 + 100 + 50 + 50 + 50 + 10 + 10 + 5 + 5 + 1 + 1 + 1 + 1 + 1 = 3985

c) Schreibe die Summe wieder als römische Zahl.

3985 = MMMCMLXXXV

6 Im Jahr 1506 begann die Erbauung der Peterskirche in Rom, der Hauptstadt Italiens.

a) Schreibe die Jahreszahl 1506 mit römischen Ziffern.

MDVI

b) Wie alt ist die Peterskirche?

Lösung für das Jahr 2010: 2010 Jahre – 1506 Jahre = 504 Jahre

Die Peterskirche ist 504 Jahre alt.

c) Schreibe dein Ergebnis aus Aufgabe b) mit römischen Zahlzeichen.

Die Peterskirche ist DIV Jahre alt.

Zahlen schätzen und runden

▶ Grundwissen

Beim **Schätzen** versucht man, der genauen Anzahl möglichst nah zu kommen. Dabei kann beispielsweise die **Rastermethode** helfen.

Beim **Runden von Zahlen** müssen bestimmte Regeln beachtet werden:
1. Zuerst muss die **Rundungsstelle** festgelegt werden, auf die gerundet wird.
   z. B. auf Tausender oder auf Hunderter gerundet
2. Dann betrachtet man die Rundungsziffer, sie steht rechts von der Rundungsstelle:
   Ist die Ziffer eine **0, 1, 2, 3 oder 4**, dann wird **abgerundet**.
   Ist die Ziffer eine **5, 6, 7, 8 oder 9**, dann wird **aufgerundet**.

98 ≈ 100 | 150 ≈ 200 | 34067 ≈ 34100

502438 ≈ 502400 | 99962 ≈ 100000 | 2699987 ≈ 2700000

▶ **Auftrag:** Runde die Zahlen auf Hunderter.

Trainieren

1 Schätze die folgenden Längen und führe anschließend eine möglichst genaue Messung durch. Stell dir vor, du willst einem Freund telefonisch die ungefähren Größen mitteilen. Runde dazu die Messergebnisse sinnvoll.

	Schätzung	Messung
Breite eines Tisches	z. B. 140 cm	individuell
Länge eines Fahrrades	z. B. 160 cm	individuell
Dicke eines Arbeitsheftes	z. B. 1 cm	individuell
Länge des Schulhofs	z. B. 100 m	individuell

2 Runde.

785 123 948
- auf Hunderter: 785 123 900
- auf Zehner: 785 123 950
- auf Zehntausender: 785 120 000
- auf Millionen: 785 000 000
- auf Hundertmillionen: 800 000 000
- auf Hunderttausender: 785 100 000
- auf Tausender: 785 124 000
- auf Zehnmillionen: 790 000 000

3

Runde…	16 736	321 483	73 698	196 542
auf Zehntausender	20 000	320 000	70 000	200 000
auf Tausender	17 000	321 000	74 000	197 000
auf Hunderter	16 700	321 500	73 700	196 500

4 Die folgenden Zahlen sind bereits auf volle Tausender gerundet worden. Nenne drei mögliche Ausgangszahlen.

a) 7000
z. B. 6600; 6900; 7400

b) 11 000
z. B. 10 500; 10 800; 11 450

c) 80 000
z. B. 79 990; 80 001, 80 499

d) 100 000
z. B. 99 500; 100 009; 100 499

e) 3 000 000
z. B. 2 999 500; 2 999 900; 3 000 300

f) 10 000 000 000
z. B. 9 999 999 500; 10 000 000 400; 10 000 000 499

5 Kannst du gut schätzen?

a) Wie viele Tische passen ungestapelt in den Klassenraum? Lösung individuell

b) Wie viele Schüler hat deine Schule? Lösung individuell

c) Wie viele Lehrer hat deine Schule? Lösung individuell

d) Wie viele Autos fahren am Tag an der Schule vorbei? Lösung individuell

6 Runde auf Zehntausender.

a) 13 000 ≈ 10 000
b) 65 000 ≈ 70 000
c) 478 500 ≈ 480 000
d) 996 002 ≈ 1 000 000
e) 3 000 501 ≈ 3 000 000
f) 7 655 406 ≈ 7 660 000

Anwenden und Vernetzen

8 Auf dem Foto sind Früchte des Kaffeestrauches zu sehen.

Schätze die Zahl der Früchte auf dem Foto.

individuelle Lösung

Versuche durch das vorgegebene Raster die Menge der Früchte genauer zu schätzen.

Ein Rasterfeld: ca. 15 Früchte

Anzahl der Rasterfelder: $3 \cdot 6 = 18$; $18 \cdot 15$ Früchte $= 270$ Früchte

Auf dem Foto sind schätzungsweise 270 Früchte zu sehen.

Das Koordinatensystem

▶ Grundwissen

Ein Koordinatensystem hat zwei Achsen. In dem Koordinatensystem können Punkte eindeutig markiert werden.

Die Achsen beginnen im gemeinsamen Anfangspunkt, dem **Nullpunkt** des Koordinatensystems.

Die x-Achse zeigt nach **rechts**, die y-Achse zeigt nach **oben**.

Die Lage von jedem Punkt ist durch zwei Zahlen bestimmt. Diese beiden Zahlen heißen **Koordinaten**.

▶ **Auftrag:** Vervollständige den Lückentext.

Trainieren

1 Welcher Punkt passt zu welchem Zahlenpaar?
Beispiel: $F(0|6)$

a) *B* (3 | 4)

b) *C* (1 | 1)

c) *A* (5 | 5)

d) *D* (1 | 5)

e) *E* (11 | 0)

f) *G* (7 | 2)

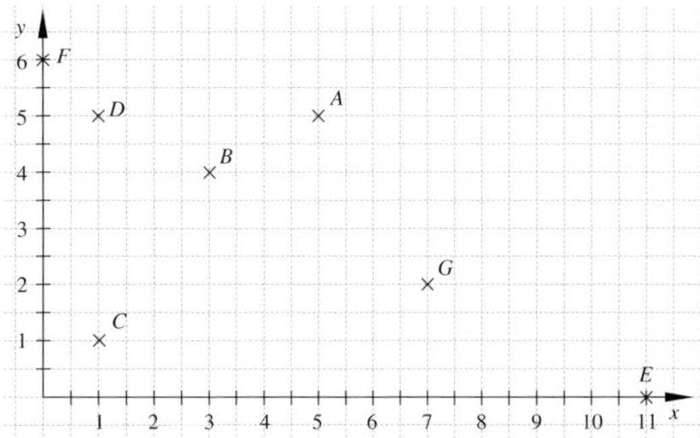

2 Trage die Koordinaten der Punkte ein.

$A($ 3 | 2 $)$, $B($ 13 | 1 $)$

$C($ 17 | 6 $)$, $D($ 14 | 13 $)$

$E($ 4 | 14 $)$, $F($ 4 | 7 $)$

$G($ 8 | 3 $)$, $H($ 11 | 9 $)$

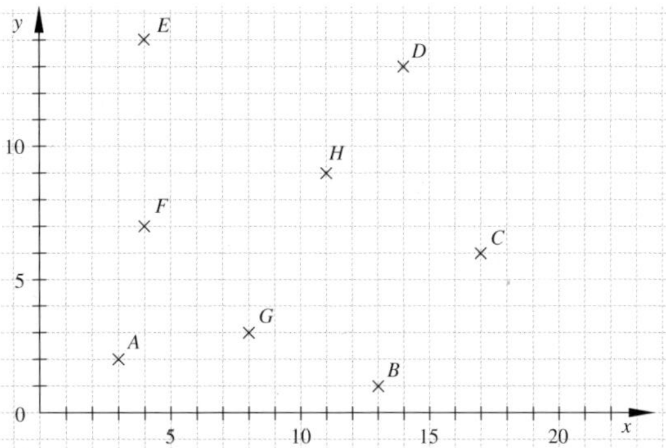

3 Zeichne die Punkte in das leere Koordinatensystem.
Beschrifte aber vorher die Achsen sinnvoll!
Welche Achse ist die x-Achse und welche die y-Achse?

$A(1\|2)$	$B(2\|3)$	$C(5\|6)$
$D(1\|4)$	$E(0\|6)$	$F(6\|4)$
$G(6\|6)$	$H(3\|1)$	$I(4\|1)$
$J(1\|6)$	$K(3\|5)$	$L(5\|3)$

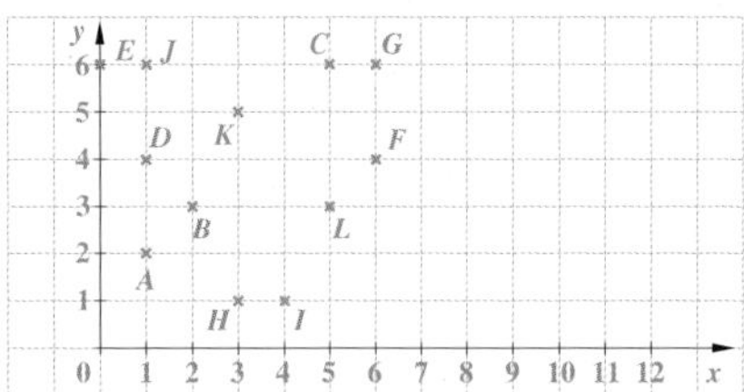

4 Eine Schnecke wandert vom Punkt $A(3|2)$ zum Punkt $B(6|2)$ in 3 Minuten. Der Weinstock mit den leckeren Beeren befindet sich am Punkt $C(6|8)$.
Wie viel Minuten benötigt die Schnecke noch, um das Obst zu erreichen. Zeichne dazu alle Punkte ein und wähle geschickt die Achsen aus.
Wie viel Minuten wandert die Schnecke insgesamt im Feld.

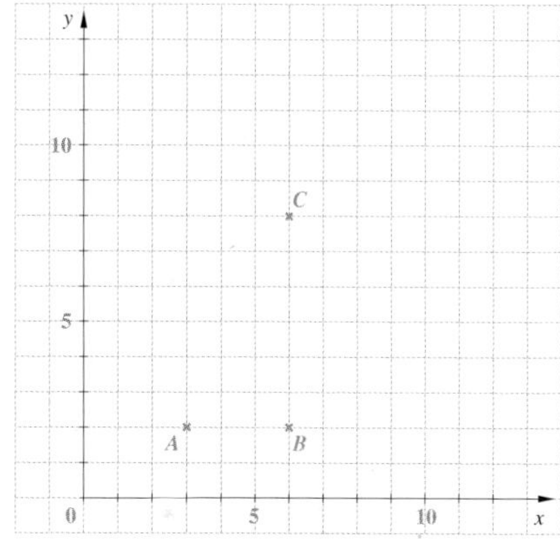

Antwort: **Insgesamt wandert die Schnecke 9 Minuten.**

Anwenden und Vernetzen

5 a) Zeichne ein Koordinatensystem. Die x-Achse soll 13 Kästchen und die y-Achse 10 Kästchen lang sein.
Trage folgende Punkte in das Koordinatensystem ein.

$A(2\|2)$	$F(7\|8)$	$C(3\|5)$	$I(10\|7)$
$E(6\|7)$	$G(9\|8)$	$H(8\|7)$	$K(12\|5)$
$B(1\|5)$	$L(11\|2)$	$D(3\|7)$	$J(10\|5)$

b) Verbinde nun die Punkte AB, BC, CD, DE, EF, FG, GH, HI, IJ, JK, KL und AL zu Strecken.

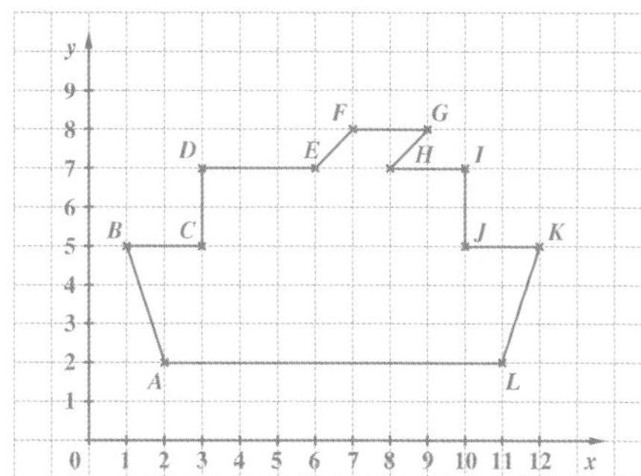

c) Welche der Strecken sind gleich lang?

Folgende Strecken sind gleich lang: 1. $\overline{AB}$ und $\overline{LK}$

2. $\overline{BC}$, $\overline{CD}$, $\overline{HI}$, $\overline{IJ}$, $\overline{JK}$ und $\overline{FG}$

3. $\overline{EF}$ und $\overline{GH}$

d) Welches Objekt erkennst du im Koordinatensystem?

Individuelle Lösung, zum Beispiel ein Schiff

Gerade Linien

▶ Grundwissen

Eine Strecke ist eine gerade Linie, die von zwei Punkten begrenzt ist. Eine Strecke ist deshalb die kürzeste Verbindung zwischen zwei Punkten.

Ein Strahl ist eine gerade Linie, die nur an einem Ende durch einen Punkt begrenzt ist.

Strahlen sind daher unendlich lang.

Eine Gerade ist eine gerade Linie, die nicht durch Punkte begrenzt ist. Geraden sind deshalb unendlich lang.

▶ Auftrag: Fülle die Lücken in den Sätzen sinnvoll.

Trainieren

1 Gegeben sind mehrere Punkte.

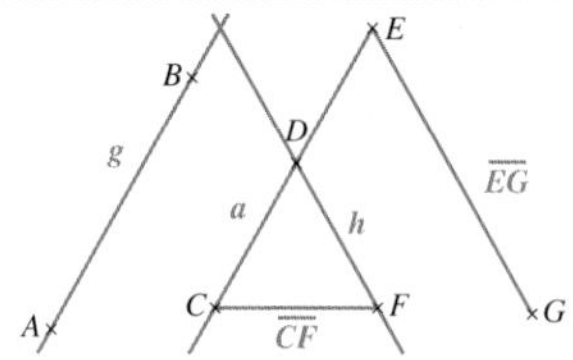

a) Zeichne folgende Geraden, Strahlen und Strecken:
Gerade g durch die Punkte A und B
Gerade h durch die Punkte D und F
Strecke $\overline{CF}$
Strecke $\overline{EG}$
Strahl a mit dem Endpunkt E durch den Punkt D

b) Beantworte folgende Fragen und trage jeweils den zugehörigen Buchstaben in das zur Frage gehörende Kästchen ein. Wenn du danach die Buchstaben betrachtest, erkennst du bestimmt das Lösungswort.

1. Liegt B auf der Geraden g?	Ja: M	Nein: V
2. Liegt D auf dem Strahl a?	Ja: E	Nein: I
3. Liegt E auf der Strecke $\overline{CF}$?	Ja: E	Nein: N
4. Liegt C auf dem Strahl a?	Ja: B	Nein: R
5. Liegt A auf der Geraden h?	Ja: E	Nein: L
6. Liegt G auf der Strecke $\overline{EG}$?	Ja: U	Nein: C

1	2	3	4	5	6
M	E	N	B	L	U

Lösungswort: Blumen

2 Beschreibe jeweils 2 Strecken, Geraden und Strahlen in der Figur.

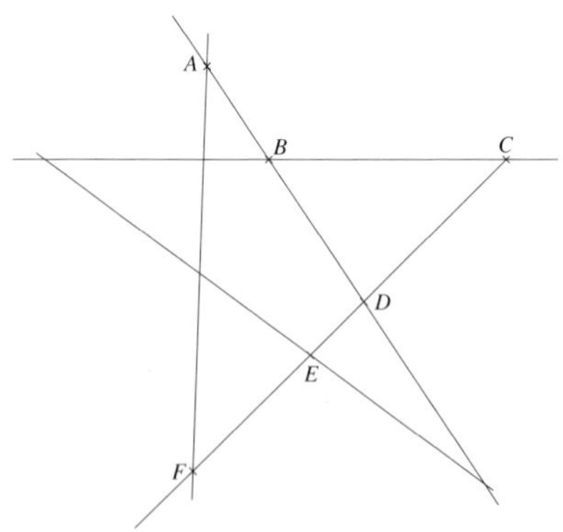

Strecken

Strecke mit den Endpunkten A und B

Strecke mit den Endpunkten A und D

Geraden

Gerade durch die Punkte B und C

Gerade durch die Punkte A und F

Strahlen

Strahl mit dem Endpunkt A durch den Punkt D

Strahl mit dem Endpunkt C durch den Punkt D

3 **a)** Zeichne eine Strecke von 6 cm.

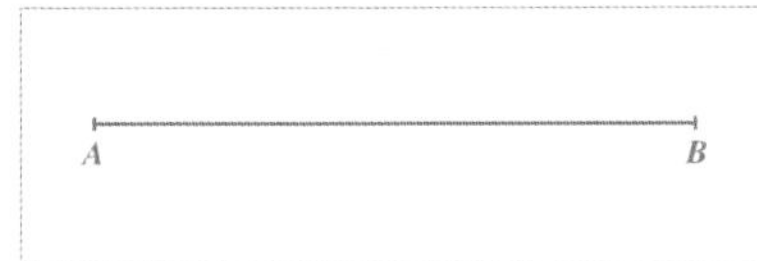

b) Markiere einen Punkt A und zeichne von A aus einem Strahl.

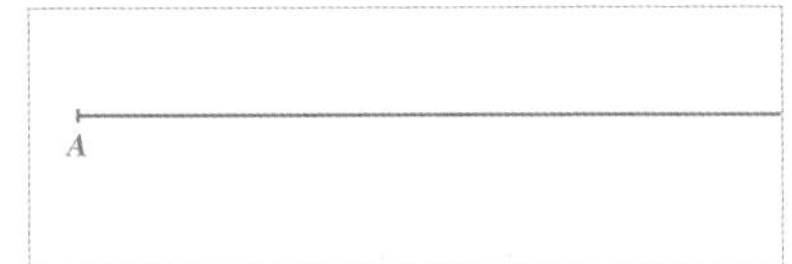

c) Markiere einen Punkt B und zeichne zwei Strecken, die durch B verlaufen.

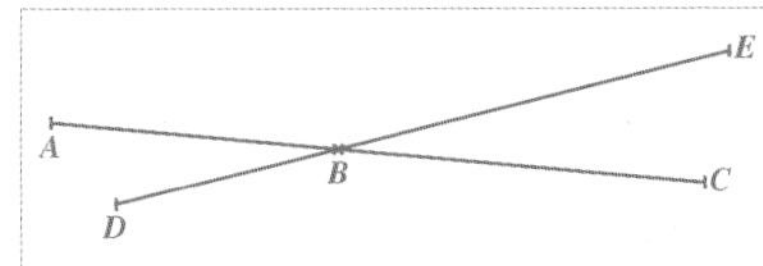

d) Markiere einen Punkt C und zeichne zwei Strahlen, die durch C verlaufen.

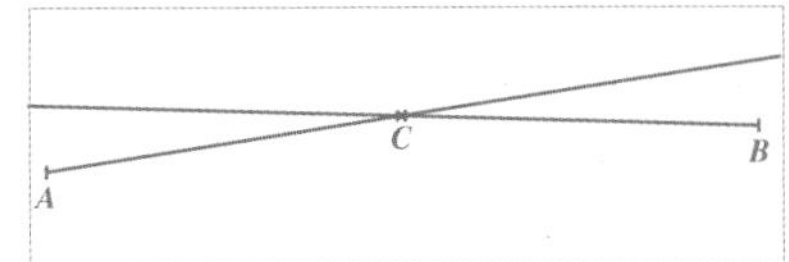

4 Verbinde die Punkte A und B, A und C, A und D, B und D sowie C und D durch Strecken.

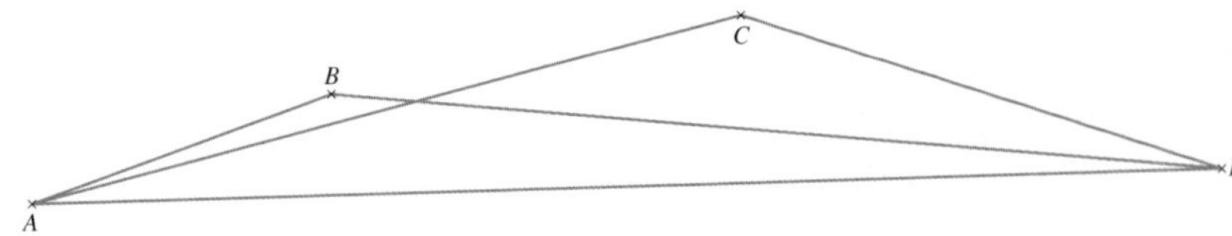

a) Wie lang ist die kürzeste Verbindung von A nach D?

Die kürzeste Verbindung ist die Strecke $\overline{AD}$. Sie ist ungefähr 16 cm lang.

b) Um wie viel cm ist der Umweg von A über B nach D länger als die Strecke $\overline{AD}$?

4,3 cm + 12,0 cm = 16,3 cm   Der Umweg über B ist ungefähr 0,3 cm länger.

c) Um wie viel cm ist der Umweg von A über C nach D länger als die Strecke $\overline{AD}$?

9,8 cm + 6,8 cm = 16,6 cm   Der Umweg über C ist ungefähr 0,6 cm länger.

Anwenden und Vernetzen

5 Im Garten von Frau Schmidt stehen 5 Stangen, an denen eine Wäscheleine befestigt werden kann. Die Wäscheleine soll an der Stange im Punkt A beginnen und an der Stange im Punkt E enden. Die Reihenfolge der anderen Stangen bei den Punkten B, C und D ist frei wählbar.

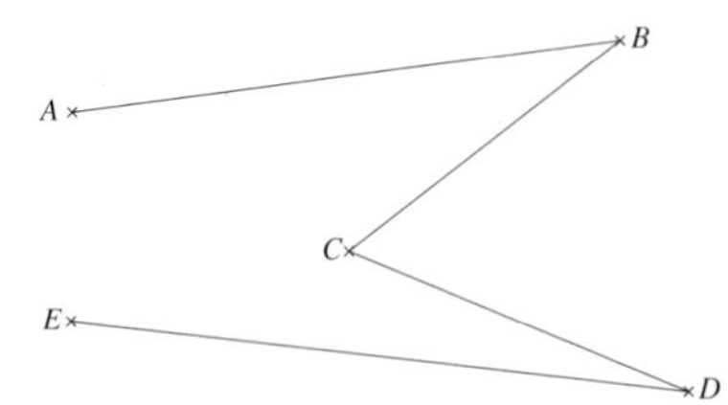

a) Wie viele Möglichkeiten hat Frau Schmidt die Wäscheleine zu spannen?

Frau Schmidt hat 3 Möglichkeiten.

b) Verbinde die Stangen damit die gespannte Wäscheleine möglichst lang ist. Gib die Strecken in der entsprechenden Reihenfolge an.

$\overline{AB}$; $\overline{BC}$; $\overline{CD}$; $\overline{DE}$

Parallele Linien erkennen und zeichnen

▶ Grundwissen

Geraden *k* und *l*, deren Abstand zueinander überall gleich bleibt, sind **parallel** zueinander, kurz: $k \parallel l$.

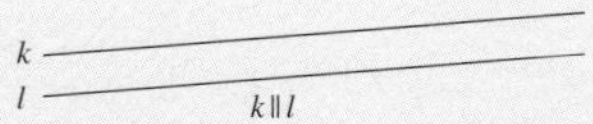

$k \parallel l$ | *a* und *b* sind nicht parallel. | $s \parallel t$

▶ Auftrag: Sind die Geraden parallel?

Trainieren

1 Überprüfe mit dem Geodreieck, welche der Geraden parallel zur Geraden *g* sind. Markiere sie farbig.

a)

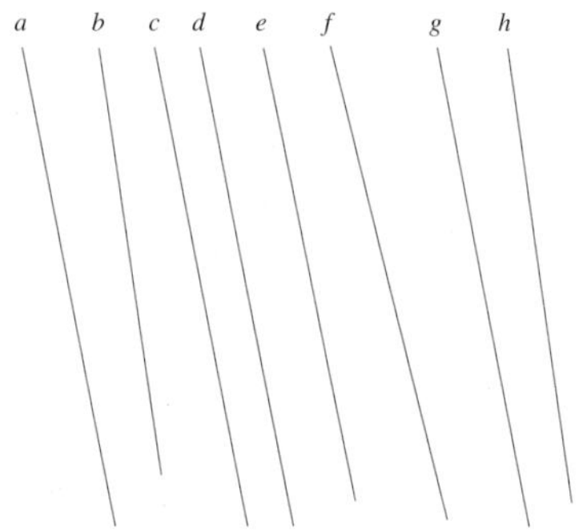

Die Geraden *a*, *c*, *d*, *e* sind parallel zu *g*.

b)

Die Geraden (keine) sind parallel zu *g*.

2 Arbeite mit dem Geodreieck.
Welche der Geraden bzw. Strecken sind parallel zueinander? Gib deren Abstand an.

$c \parallel i$ Abstand: 3,3 cm

$b \parallel e$ Abstand: 7 mm

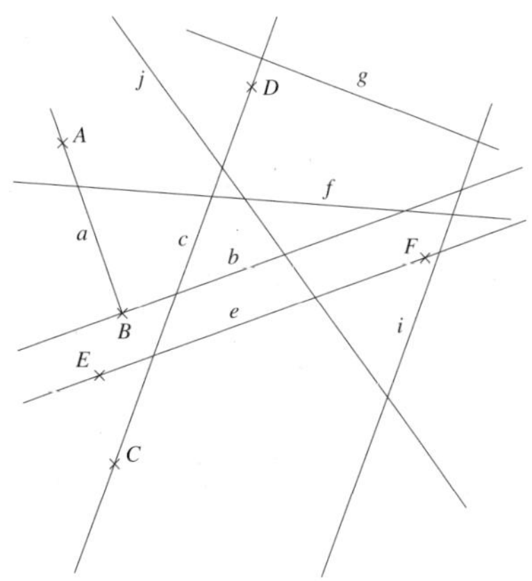

3 Zeichne eine Gerade *g*. Zeichne die Punkte *A* bis *D* im jeweils angegebenen Abstand zu *g*: *A* (4,5 cm); *B* (3,8 cm); *C* (1,7 cm); *D* (2,9 cm). Zeichne durch die Punkte *A*, *B*, *C* und *D* jeweils die Parallele zu *g*.

Anwenden und Vernetzen

4 Aufgaben zum Überlegen

a) Im Bild sind zwei Baumreihen zu sehen.
Sind diese parallel zueinander?
Sind die Wegränder parallel zueinander?

Vermutlich sind vor Ort sowohl die Baumreihen als auch die Wegreihen relativ parallel zueinander. Jedoch auf dem Foto ist dies nicht nachmessbar.

b) Ein gerades Stück Weg ist 15 m lang. Parallel zu diesem Weg werden links und rechts Bäume gepflanzt.
Der Weg ist ca. 25 dm Meter breit. Der Abstand der Bäume in einer Baumreihe beträgt jeweils rund 5 m.
Der Abstand der Bäume zum Wegrand beträgt 130 cm.
Veranschauliche die Situation mit einer Zeichnung. Wähle 1 cm für 1 m.

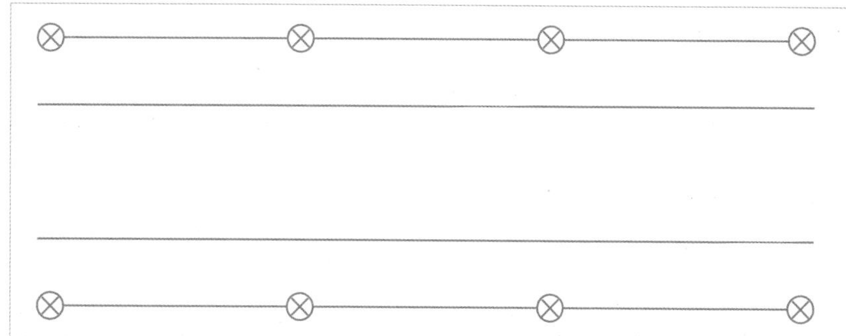

c) Wie viele Bäume stehen auf einem doppelt so langen Stück Weg? 14 Bäume

Senkrechte Linien erkennen und zeichnen

▶ Grundwissen

Geraden g und h, die im rechten Winkel aufeinander stehen, sind **senkrecht** zueinander, kurz: $g \perp h$. Eine Linie, die senkrecht zu einer anderen steht, nennt man auch **Senkrechte**.

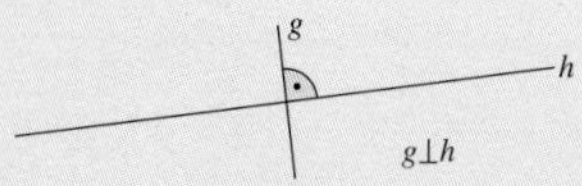

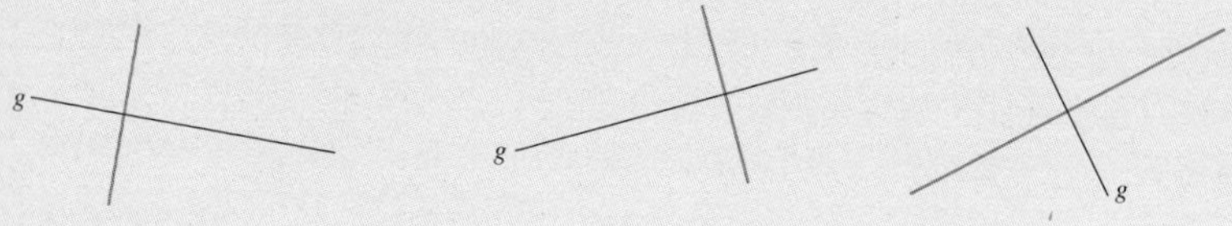

▶ Auftrag: Zeichne jeweils eine Senkrechte zu g.

Trainieren

1 Überprüfe mit dem Geodreieck, welche Linien zueinander senkrecht stehen.

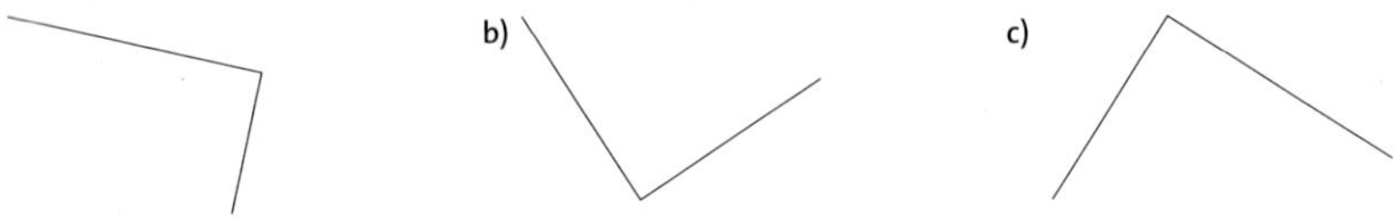

a) senkrecht b) senkrecht c) nicht senkrecht

2 Miss mit dem Geodreieck die Abstände der Punkte A bis F von der Geraden g und zeichne die Senkrechten zu g, die jeweils durch die Punkte A, B, C, D, E und F verlaufen ein.

A 20 mm

B 30 mm

C 24 mm

D 11 mm

E 37 mm

F 41 mm

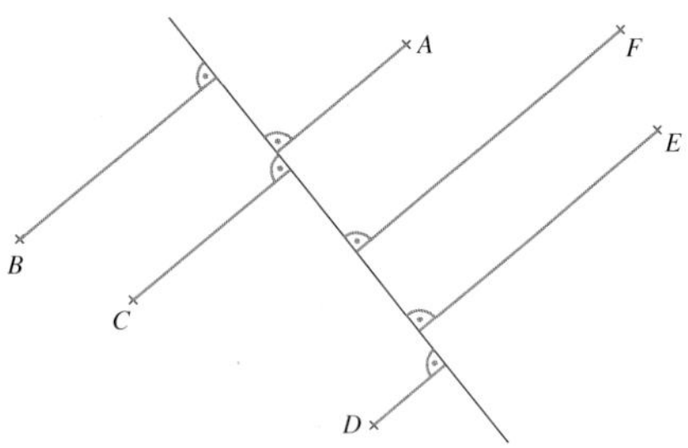

3 Arbeite mit dem Geodreieck.
Welche der Geraden bzw. Strecken sind senkrecht zueinander?

$a \perp b$; $g \perp i$; $g \perp c$

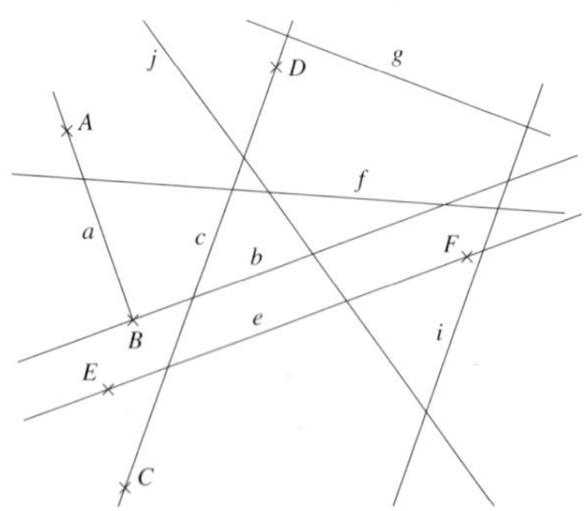

4 Zeichne jeweils zu g senkrechte Geraden durch die Punkte A bis F.

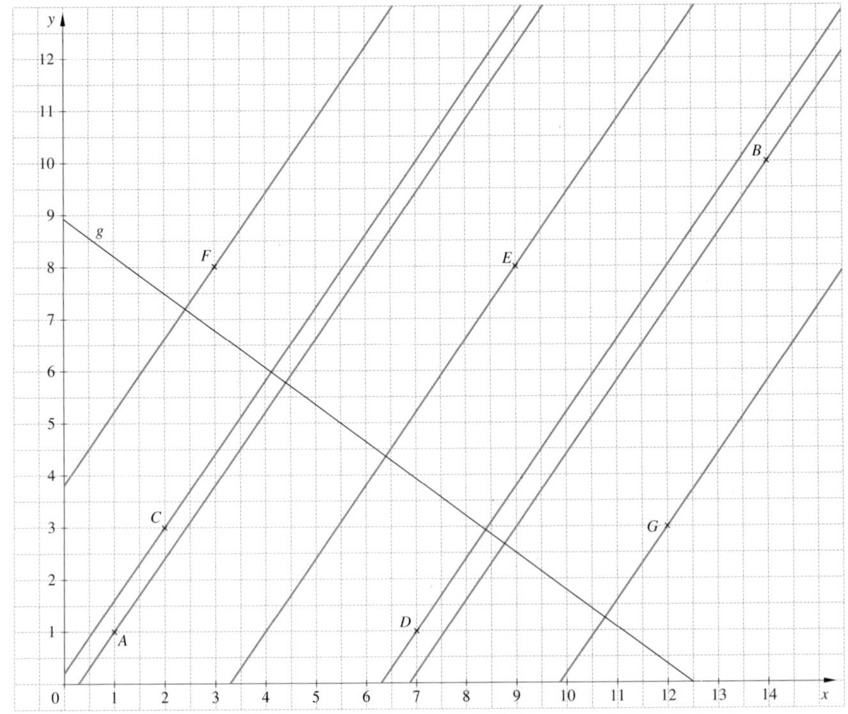

Anwenden und Vernetzen

5 Die Zeichnung zeigt den Grundriss des Erdgeschosses eines Einfamilienhauses. Überprüfe mithilfe des Geodreiecks, welche Wände senkrecht zueinander sind. Welches Zimmer verfügt über die meisten rechten Winkel?

Zimmer	Anzahl der rechten Winkel
Küche	3
Gast	4
Flur	3
Bad	3
Wohnzimmer	4

Antwort: Das Gästezimmer und das Wohnzimmer verfügen über die meisten rechten Winkel.

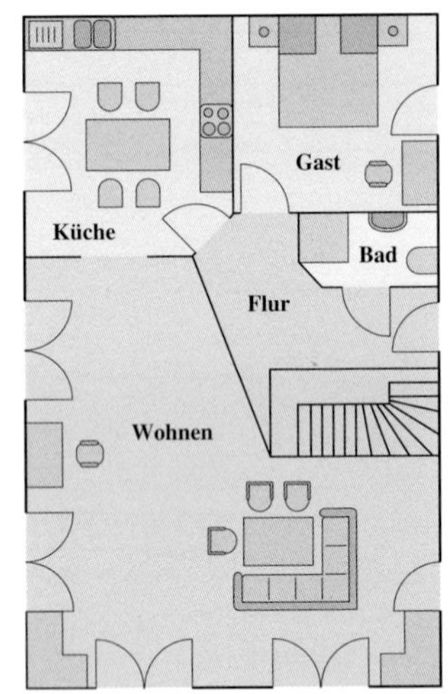

Achsensymmetrische Figuren

▶ Grundwissen

Bei **achsensymmetrischen Figuren** gibt es eine Gerade (die **Symmetrieachse**), die die Figur in zwei Teile zerlegt, die man deckungsgleich übereinanderklappen kann.
Bei einer Geradenspiegelung gibt es zu jedem **Originalpunkt** *A* auf der einen Seite einen **Bildpunkt** *A'* auf der anderen Seite, der den gleichen Abstand von der Spiegelgeraden hat. Die Verbindungsstrecke $\overline{AA'}$ steht senkrecht auf der Spiegelgeraden.

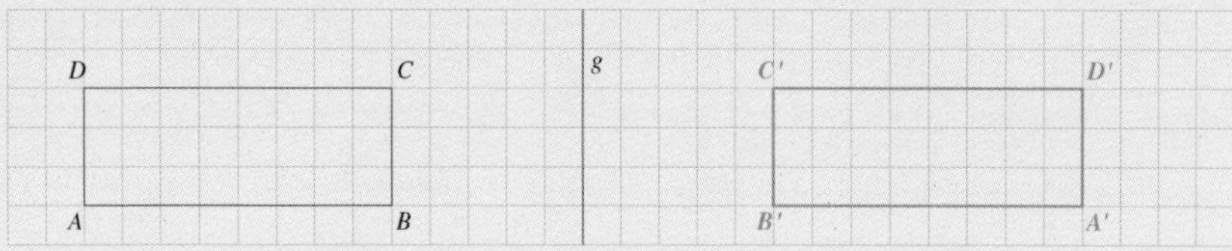

▶ **Auftrag:** Spiegle das Rechteck an der Achse *g*.

Trainieren

1 Welche Bilder sind achsensymmetrisch? Zeichne in diesen Bildern die Symmetrieachsen ein.

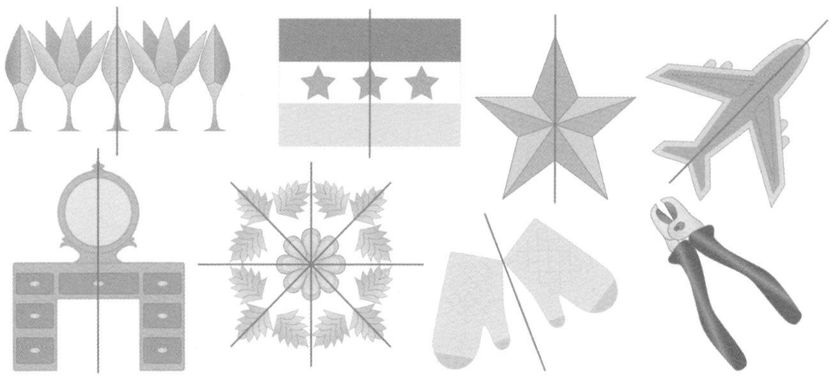

2 Spiegle die Figur jeweils an der Geraden g.

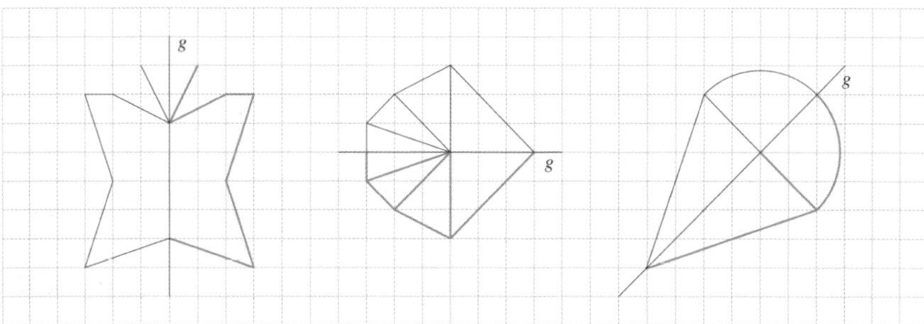

3 Spiegle die Figuren an der blauen Spiegelachse.

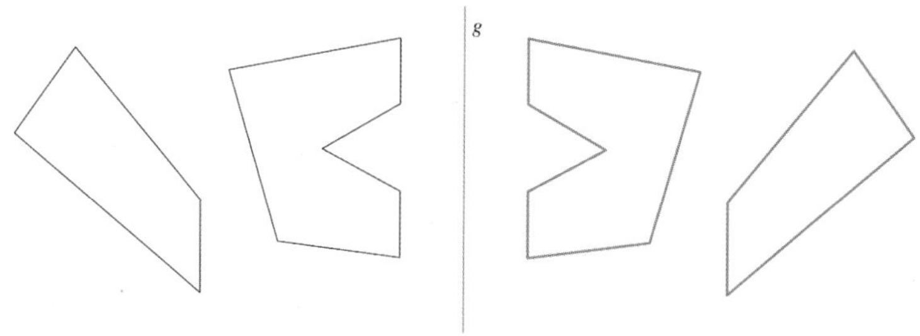

4 Zeichne die Achsen ein, an denen die Figuren gespiegelt wurden.

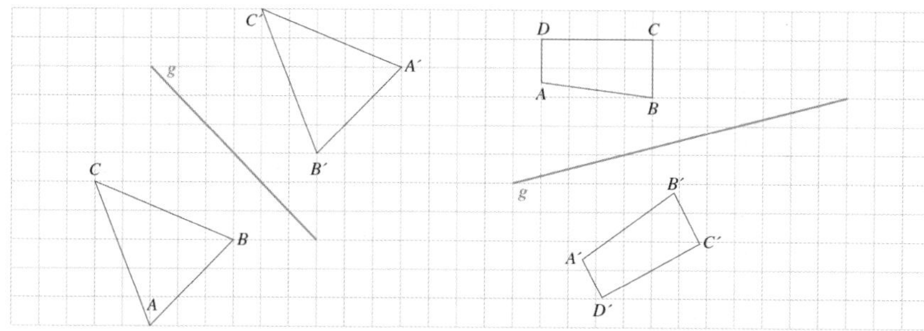

Anwenden und Vernetzen

5 Spiegelschrift

a) Manche Fahrzeuge sind mit Spiegelschrift beschriftet. Erkläre, warum das so ist.

z.B. Damit im Rückspiegel eines davor fahrenden Fahrzeugs schnell erkannt werden kann, um was für ein Fahrzeug es sich handelt. Vor allem Rettungsfahrzeuge (Polizei, Feuerwehr, …) und Firmenwagen sind mit Spiegelschrift beschriftet.

b) Erfinde eine eigenes Logo, in dem der Anfangsbuchstabe deines Namens vorkommt. Spiegle dein Logo. Gestalte es farbig und schätze den Anteil jeder Farbe an der Gesamtfläche des Logos.

individuelle Lösung

Kreise erkennen und zeichnen

▶ Grundwissen

Einen Kreis zeichnen:

1. Den **Mittelpunkt** des Kreises markieren.
   Er wird oft mit M bezeichnet.
2. Die Länge des **Radius** r am Zirkel einstellen.
3. Mit dem Zirkel eine **Kreislinie** rund um den Mittelpunkt zeichnen.

Ein **Durchmesser** d ist immer doppelt so lang wie der Radius.

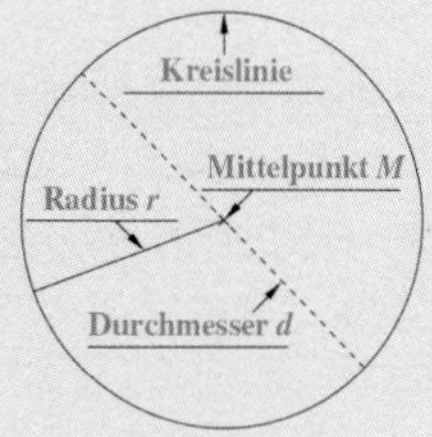

▶ Auftrag: Ergänze die Bezeichnungen.

Trainieren

1 Zeichne Kreise.

a) $d = 5\,cm$

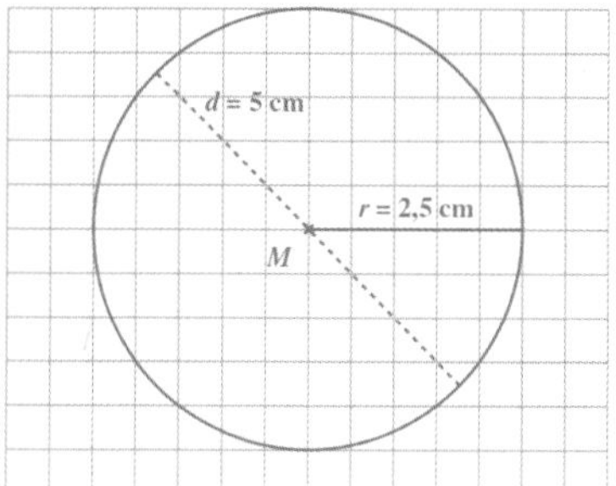

b) $r = 2\,cm$

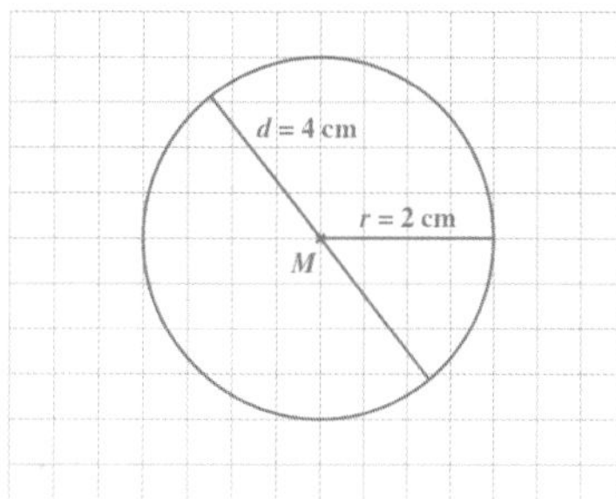

2 Zwei Kreise haben die Radien $r = 1{,}5\,cm$ und $r = 2\,cm$. Zeichne diese Kreise, sodass sie

a) keinen Punkt gemeinsam haben,

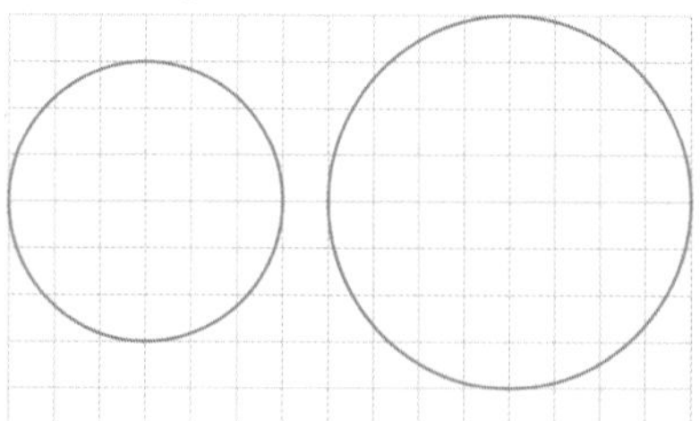

b) sich in zwei Punkten schneiden.

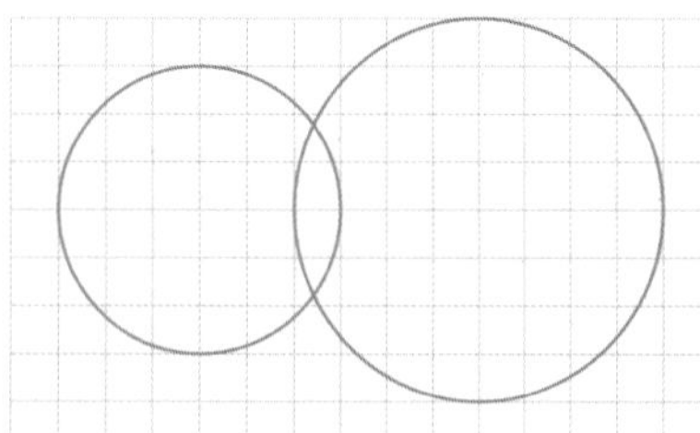

3 Ermittle die fehlenden Angaben.

Durchmesser	12 cm	18 cm	62 mm	24 m	60 m	80 cm	22 m
Radius	6 cm	9 cm	31 mm	12 m	30 m	40 cm	11 m

4 Wo liegen die Mittelpunkte der folgenden Kreise? Markiere sie jeweils farbig und beschrifte sie mit dem Buchstaben „M". Den Mittelpunkt eines Kreises kannst du näherungsweise bestimmen.

a)

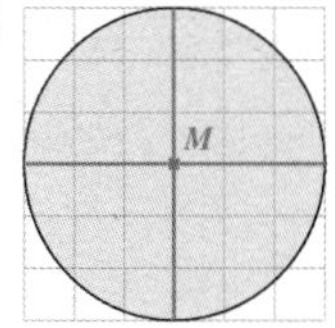

b)

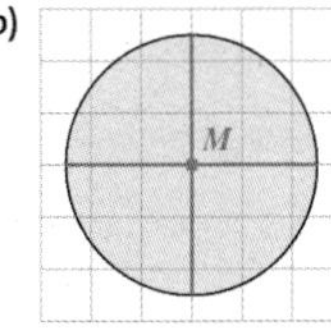

c)

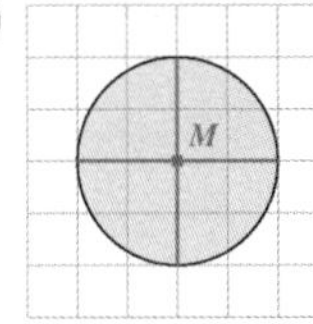

d)

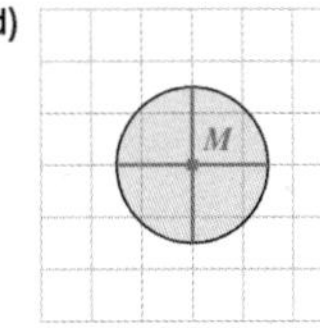

5 Miss an den Kreisen aus Aufgabe 4 jeweils Durchmesser und Radius. Gib die Ergebnisse in mm an.

zu **a)**: $d =$ 30 mm, $r =$ 15 mm

zu **b)**: $d =$ 25 mm, $r =$ 12,5 mm

zu **c)**: $d =$ 20 mm, $r =$ 10 mm

zu **d)**: $d =$ 15 mm, $r =$ 7,5 mm

Anwenden und Vernetzen

6 Zeichne die vorgegebenen Muster mithilfe des Zirkels nach.

a)

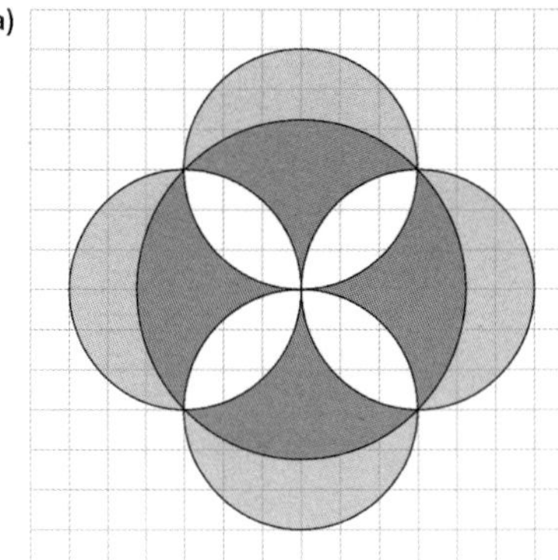

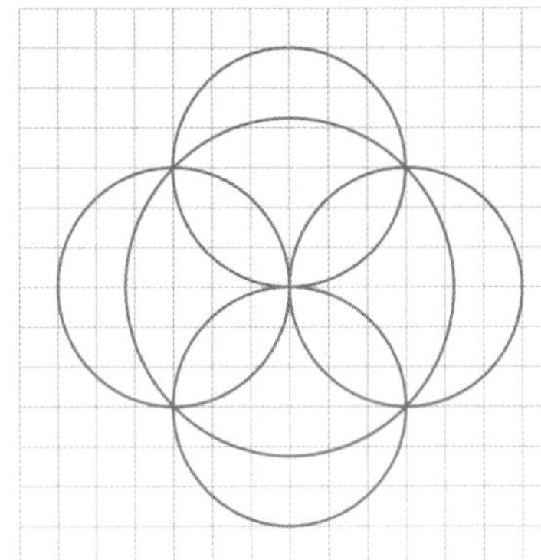

b)

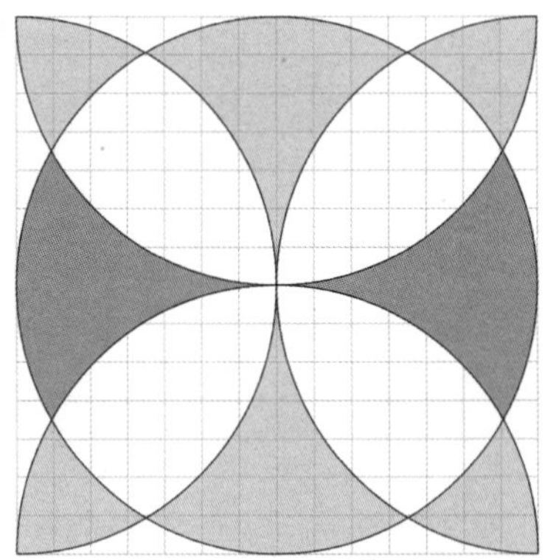

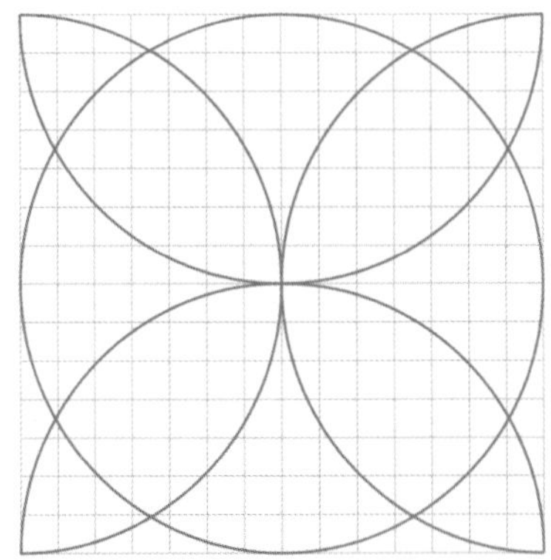

Im Kopf addieren und subtrahieren

▶ Grundwissen

Fachbegriffe bei der Addition

185	+	96	=	281
1. Summand	+	2. Summand	=	Wert der Summe
243	+	111	=	354
1. Summand	+	2. Summand	=	Wert der Summe
702	+	216	=	918
1. Summand	+	2. Summand	=	Wert der Summe

Fachbegriffe bei der Subtraktion

455	–	103	=	352
Minuend	–	Subtrahend	=	Wert der Differenz
563	–	120	=	443
Minuend	–	Subtrahend	=	Wert der Differenz
735	–	167	=	568
Minuend	–	Subtrahend	=	Wert der Differenz

▶ **Auftrag:** Ergänze jeweils den zweiten Summanden oder den Subtrahenden.

Trainieren

1 Berechne die Summe im Kopf.

512 + 491 = 1003 309 + 699 = 1008 867 + 436 = 1303

612 + 376 = 988 169 + 809 = 978 698 + 599 = 1297

2 Berechne die Differenz im Kopf.

1008 – 699 = 309 1003 – 491 = 512 1302 – 435 = 867

978 – 809 = 169 988 – 376 = 612 1297 – 599 = 698

3 Addiere im Kopf.

a) 5000 + 9000 = 14 000 b) 1500 + 6500 = 8000

b) 7000 + 10 500 = 17 500 d) 20 000 + 35 000 = 55 000

e) 15 000 + 80 300 = 95 300 f) 60 000 + 11 000 = 71 000

g) 52 000 + 17 000 = 69 000 h) 1300 + 2800 = 4100

i) 116 000 + 15 200 = 131 200 j) 98 800 + 17 500 = 116 300

4 Kontrolliere deine Ergebnisse aus Aufgabe drei mit Umkehraufgaben.

a) 14 000 – 9000 = 5000 b) 8000 – 6500 = 1500

c) 17 500 – 10 500 = 7000 d) 55 000 – 35 000 = 20 000

e) 95 300 – 80 300 = 15 000 f) 71 000 – 11 000 = 60 000

g) 69 000 – 17 000 = 52 000 h) 4100 – 2800 = 1300

i) 131 200 – 15 200 = 116 000 j) 116 300 – 17 500 = 98 800

5 Fülle die Tabellen aus.

a)

+	69	123	351	417
78	147	201	429	495
117	186	240	468	534
152	221	275	503	569
438	507	561	789	855
503	572	626	854	920
729	798	852	1080	1146

b)

–	72	178	362	429
433	361	255	71	4
516	444	338	154	87
598	526	420	236	169
799	727	621	437	370
822	750	644	460	393
962	890	784	600	533

6 In magischen Quadraten ist die Summe der Zahlen in den Zeilen, Spalten und Diagonalen jeweils gleich groß. Ergänze die Leerstellen in den Quadraten *A* und *B* jeweils so, dass Zauberquadrate entstehen. Die Leerstellen im Quadrat *C* werden gefüllt, indem die Zahlen aus den Quadraten *A* und *B* in einander entsprechenden Feldern addiert werden. Überprüfe, ob auch *C* ein Zauberquadrat ist.

A

16	22	10	20
26	4	32	6
24	14	18	12
2	28	8	**30**

B

3	42	45	12
36	21	18	27
24	33	30	15
39	6	9	**48**

C

19	64	55	32
62	25	50	33
48	47	48	27
41	34	17	**78**

30 + 48 = 78

Anwenden und Vernetzen

7 Zahlenrätsel

a) Schreibe jeweils die Lösung in das Feld mit dem entsprechenden Buchstaben.

A: 15 vermindert um 8
B: 8 vermehrt um 9
C: Differenz von A und B
D: Summe von A und B
E: Vorgänger von D
F: Nachfolger von D

16	A 7	33	44
B 17	13	50	C 10
34	22	D 24	15
E 23	47	12	F 25

b) Addiere im Kopf die Zahlen jeder Spalte und jeder Zeile. Rechne vorteilhaft.
Hinweis: Die Summe aller Zahlen der Tabelle ist 392.

Zeile 1: 100 Zeile 2: 90 Zeile 3: 95 Zeile 4: 107

Spalte 1: 90 Spalte 2: 89 Spalte 3: 119 Spalte 4: 94

c) Addiere alle Zahlen aus dem ausgefüllten Zahlenquadrat im Kopf.

Summe der Zeilen: 100 + 90 + 95 + 107 = 392 oder

Summe der Spalten: 90 + 89 + 119 + 94 = 392

Rechengesetze und Rechenvorteile

▶ Grundwissen

Kommutativgesetz (Vertauschungsgesetz):
In einer Summe dürfen die Summanden vertauscht werden. Für zwei Zahlen a und b gilt: $a + b = b + a$

Assoziativgesetz (Verbindungsgesetz):
In einer Summe dürfen Summanden beliebig mit Klammern zusammengefasst werden.
Für drei Zahlen a, b und c gilt: $a + b + c = (a + b) + c = a + (b + c)$

Vorrangregel:
Treten in einer Rechnung Klammern auf, so muss zuerst der Wert innerhalb der Klammern berechnet werden.

78 + 165 + 135 + 20 + 98 + 102 = 78 + (165 + 135) + 20 + (98 + 102) = 78 + 300 + 20 + 200 = 598

▶ Auftrag: Setze Klammern, um vorteilhaft zu rechnen, und berechne.

Trainieren

1 Bei welcher Aufgabe ist die Klammer sinnvoll und bei welcher kannst du sie weglassen?
Berechne zuerst mit Klammer und lasse dann die Klammer weg. Vergleiche die Ergebnisse.

a)	mit Klammer:	12 + (57 + 28)	= 12 + 85	= 97
	ohne Klammer:	12 + 57 + 28	= 12 + 85	= 97
b)	mit Klammer:	65 – (39 + 21)	= 65 – 60	= 5
	ohne Klammer:	65 – 39 + 21	= 26 + 21	= 47
c)	mit Klammer:	117 – (24 – 12)	= 117 – 12	= 105
	ohne Klammer:	117 – 24 – 12	= 93 – 12	= 81

2 Rechne möglichst vorteilhaft. Die Summanden dürfen vertauscht und zusammengefasst werden.

a) 205 + 111 + 47 + 119 + 113 = 205 + (111 + 119) + (47 + 113) = 205 + 230 + 160 = 595

b) 333 + 444 + 555 + 666 + 777 = (333 + 777) + (444 + 666) + 555 = 1110 + 1110 + 555 = 2775

c) 1112 + 376 + 19 + 188 + 124 = (1112 + 188) + (376 + 124) + 19 = 1300 + 500 + 19 = 1819

3 Welche Aufgaben sind hier jeweils dargestellt? Löse die Aufgaben, indem du die Rechnungen mit Klammern schreibst.
Ersetze auch jeweils die Lücken im Rechenbaum.

a)

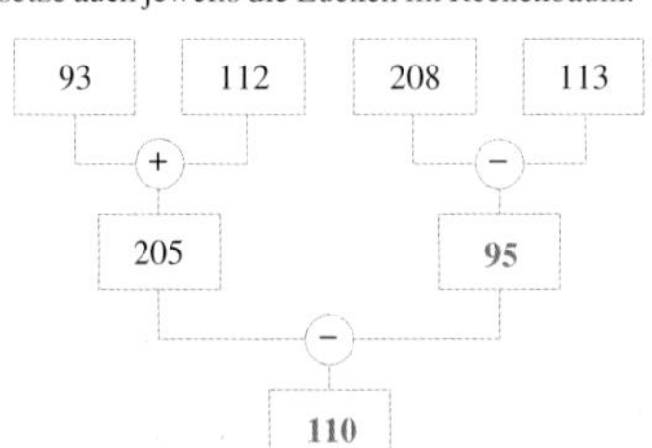

(93 + 112) – (208 – 113) = 110

b)

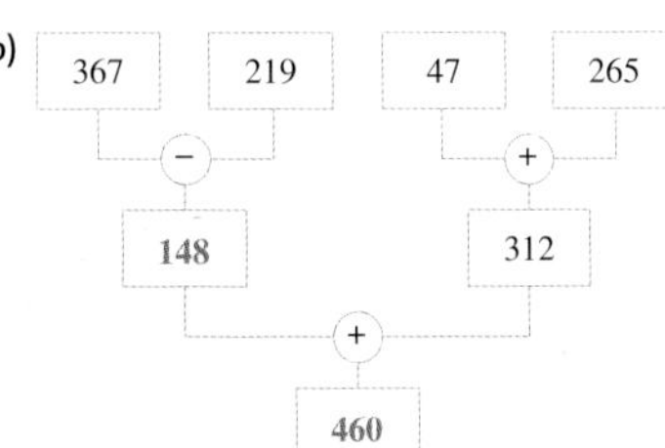

(376 – 219) + (47 + 265) = 460

4 Berechne folgende Klammerausdrücke:

a) (90 + 12) – (71 + 25) = 102 – 96 = 6

b) (51 + 19) – (18 + 12) = 70 – 30 = 40

c) (128 + 43) – (365 – 199) = 171 – 166 = 5

d) (99 – 11) – (22 + 44) = 88 – 66 = 22

e) (720 – 510) – (937 – 827) = 210 – 110 = 100

5 In den folgenden Aufgaben wurden die Klammern in der ersten Spalte völlig vergessen. Setze die Klammern richtig ein.
Rechne aus und sortiere die Ergebnisse der Größe nach.

a) (75 + 46)–(16 + 103)+(42 + 7) = 121 – 119 + 49 = 51

b) (1600 – 800)+(300 + 100)–(6400 – 5850)= 800 + 400 – 550 = 650

c) 311 –(12 + 3 + 8)–(78 – 32) = 311 – 23 – 46 = 242

51 < 242 < 650

Anwenden und Vernetzen

6 Betrachte den folgenden Kontoauszug.

Hinweis: Banken sprechen von Soll (S) anstatt von Minus und von Haben (H) anstatt von Plus.

Berechne, wie viel der neue Kontostand (Neuer Saldo) beträgt.

		Kontonummer	erstellt am	Auszug		Blatt
Kies und Schotter Bank eG		77480004	21.09.2010	10/05		1/1
08.09.	Lohn Monat Aug. 2010 Firma Maloche			1520 €	H	
10.09.	Gaststätte zur Wildsau EC-Karte			95 €	S	
13.09.	Jahresbeitrag Bodybuilding-Verein			156 €	S	
14.09.	Rückzahlung Gaswerke Jahr 2010			36 €	H	
	Umsätze:					
	Soll	251 €	alter Saldo:	11	H	
	Haben	1556 €	neuer Saldo:	???	H	

11 € + (1520 € + 36 €) – 95 € – 156 € = 11 € + 1556 € – 95 € – 156 € = 1316 €

Der neue Kontostand beträgt 1316 €.

Schriftlich addieren und subtrahieren

▶ Grundwissen

Schriftliche Addition
- Summanden stellengerecht untereinander schreiben
- schrittweise von rechts nach links die zusammengehörigen Stellen addieren
- möglichen Übertrag bei der nächsten Stelle addieren

Schriftliche Subtraktion
- Minuend und Subtrahend stellengerecht untereinander schreiben
- von rechts beginnend die Ziffern pro Stelle subtrahieren
- ist die obere Ziffer kleiner als die untere, dann denkt man sich eine 1 davor
- diese gedachte 1 muss in der nächsten Spalte wieder abgezogen werden

Schriftliche Subtraktion mehrerer Subtrahenden
- Zahlen stellengerecht untereinander schreiben
- stellenweise die Ziffern aller Subtrahenden addieren und von der Stelle des Minuenden abziehen
- möglichen Übertrag bei der nächsten Stelle wieder abziehen

a)
	5 0 3 0
+	1 9 8 9
+	2_1 7_1 6_1 6
	9 7 8 5

b)
	1 9 9 9
+	3 7 2 5
+	1_2 3_1 7_1 5
	7 0 9 9

c)
	7 0 5 2
−	1 3 0 1
−	3_2 9_1 6 0
	1 7 9 1

▶ Auftrag: Setze die richtigen Ziffern in die schriftlichen Rechnungen ein.

Trainieren

1 Schreibe stellengerecht untereinander und addiere schriftlich.

a) 12 079 + 9076

	1 2 0 7 9
+	$_1$ 9 0_1 7_1 6
	2 1 1 5 5

b) 98 656 + 34 796

	9 8 6 5 6
+	$_1$ 3_1 4_1 7_1 9_1 6
	1 3 3 4 5 2

c) 439 218 + 76 999

	4 3 9 2 1 8
+	$_1$ 7_1 6_1 9_1 9_1 9
	5 1 6 2 1 7

2 Schreibe stellengerecht untereinander und subtrahiere schriftlich.

a) 98 021 − 5478

	9 8 0 2 1
−	5_1 4_1 7_1 8
	9 2 5 4 3

b) 420 631 − 31 559

	4 2 0 6 3 1
−	$_1$ 3_1 1 5_1 5_1 9
	3 8 9 0 7 2

c) 741 032 − 89 504

	7 4 1 0 3 2
−	$_1$ 8_1 9_1 5 0_1 4
	6 5 1 5 2 8

3 Addiere nun mehrere Zahlen. Überschlage vorher.

a) 218 + 461 + 1703

200 + 500 + 1700 = 2400

	2 1 8
+	4 6 1
+	1_1 7 0_1 3
	2 3 8 2

b) 379 + 7118 + 9810

400 + 7000 + 10 000 = 17 400

	3 7 9
+	7 1 1 8
+	$_1$ 9_1 8_1 1_1 0
	1 7 3 0 7

c) 13 856 + 9012 + 6299

14 000 + 9000 + 6000 = 29 000

	1 3 8 5 6
+	9 0 1 2
+	$_1$ 6_1 2_1 9_1 9
	2 9 1 6 7

4 Überschlage und berechne.

a) 1105 − 266 − 113

1100 − 300 − 100 = 700

	1 1 0 5
−	2 6 6
−	$_1$ 1_1 1_1 3
	7 2 6

b) 7544 − 789 − 119

7500 − 800 − 100 = 6600

	7 5 4 4
−	7 8 9
−	$_1$ 1_1 1_2 9
	6 6 3 6

c) 1999 − 87 − 1013

2000 − 100 − 1000 = 900

	1 9 9 9
−	8 7
−	1 0_1 1_1 3
	8 9 9

d) 779 − 9 − 377 − 69

800 − 0 − 400 − 100 = 300

	7 7 9
−	9
−	3 7 7
−	$_1$ 6_2 9
	3 2 4

e) 9008 − 45 − 738 − 1328

9000 − 0 − 700 − 1300 = 7000

	9 0 0 8
−	4 5
−	7 3 8
−	1_2 3_2 2_2 8
	6 8 9 7

f) 65 451 − 3 − 2279 − 643

65 000 − 0 − 2000 − 1000 = 62 000

	6 5 4 5 1
−	3
−	2 2 7 9
−	$_1$ 6_1 4_2 3
	6 2 5 2 6

Anwenden und Vernetzen

5 Ein Fernzug fährt die Strecke von Hamburg nach München in sechs Stunden. Die Kilometerstände zu Beginn und am Ende der Fahrt betragen 345 678 km und 346 500 km. Wie viel Kilometer ist der Zug gefahren?

−	3 4 6 5 0 0 km
	3 4 5_1 6_1 7_1 8 km
	8 2 2 km

Der Zug ist 822 km gefahren.

6 In einem Erlebnisbad wurden in den Sommerferien die Besucher gezählt.

	Kinder, Jugendliche	Erwachsene
1. Woche	2025	1678
2. Woche	2130	1817
3. Woche	2670	1923
4. Woche	2978	1861
5. Woche	3972	1732
6. Woche	4179	1210

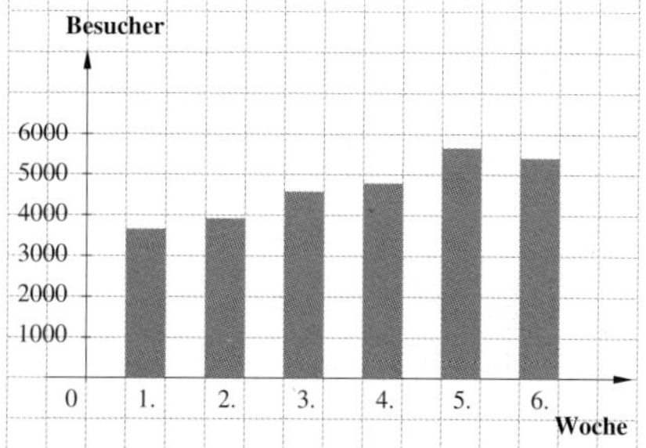

Veranschauliche rechts in einem Säulendiagramm, wie viele Besucher pro Woche im Erlebnisbad waren.

Größen im Alltag / Geld

▶ Grundwissen

Größen beschreiben Eigenschaften von Gegenständen, Vorgängen und Zuständen.
Eine Größe wird durch eine Maßzahl und eine Maßeinheit angegeben.
Größen können gemessen werden. Beim Messen von Größen wird mit einer vorgegebenen Einheit verglichen.

Breite eines Fensters	**Meter, Zentimeter**
Dauer eines Kinofilms	**Stunden, Minuten**
Länge deines Schulweges	**Kilometer, Meter**
Gewicht eines Kaninchens	**Kilogramm, Gramm**
Alter des Kaninchens	**Jahre, Tage**
Kosten für das Kaninchenfutter	**Euro, Cent**

▶ Auftrag: In welcher Maßeinheit würdest du die folgenden Angaben messen?

Trainieren

1 Sortiere die Größenangaben zu den passenden Größen.

3 Monate	16 Gramm	100 Kilometer	5 Euro	2 cm
20 Cent	1 Sekunde	9 m	3 Kilogramm	7 Stunden
200 km	2,35 €	5 Jahre	190 g	1,7 kg

Geld	Zeit	Gewicht	Länge
5 Euro	**3 Monate**	**16 Gramm**	**100 Kilometer**
20 Cent	**1 Sekunde**	**3 Kilogramm**	**2 cm**
2,35 €	**7 Stunden**	**190 g**	**9 m**
	5 Jahre	**1,7 kg**	**200 km**

2 Trage ein, mit welchen Münzen und Banknoten du die Geldbeträge auszahlen kannst. Verwende dabei möglichst wenige Münzen und Geldscheine.

Betrag	Scheine							€-Münzen		ct-Münzen					
in €	500	200	100	50	20	10	5	2	1	50	20	10	5	2	1
64,76				1		1		2		1	1		1		1
144,70			1		2			2		1	1				
279,00		1		1	1		1	2							
438,52		2			1	1	1	1	1	1				1	
874,89	1	1	1	1	1			2		1	1	1	1	2	

3 Rechne gemäß dem Beispiel um.
BEISPIEL: 4,5 Kilogramm: 4,5 Kilogramm sind 4 Kilogramm und 500 Gramm.

a) 10,2 Zentimeter **10,2 Zentimeter sind 10 Zentimeter und 2 Millimeter.**

b) 7,4 Kilogramm **7,4 Kilogramm sind 7 Kilogramm und 400 Gramm.**

c) 2,30 Euro **2,30 Euro sind 2 Euro und 30 Cent.**

d) 8,1 Kilometer **8,1 Kilometer sind 8 Kilometer und 100 Meter.**

e) 6,5 Meter **6,5 Meter sind 6 Meter und 50 Zentimeter.**

f) 1,05 € **1,05 € sind 1 Euro und 5 Cent.**

g) 11,15 km **11,15 km sind 11 Kilometer und 150 Meter.**

h) 5,5 Stunden **5,5 Stunden sind 5 Stunden und 30 Minuten.**

i) 9,5 Jahre **9,5 Jahre sind 9 Jahre und 6 Monate.**

j) 4,5 min **4,5 min sind 4 Minuten und 30 Sekunden.**

Anwenden und Vernetzen

4 Wie viel Wechselgeld bekommst du mindestens, wenn jeweils nur die abgebildeten Geldscheine und das Geldstück zur Verfügung stehen?

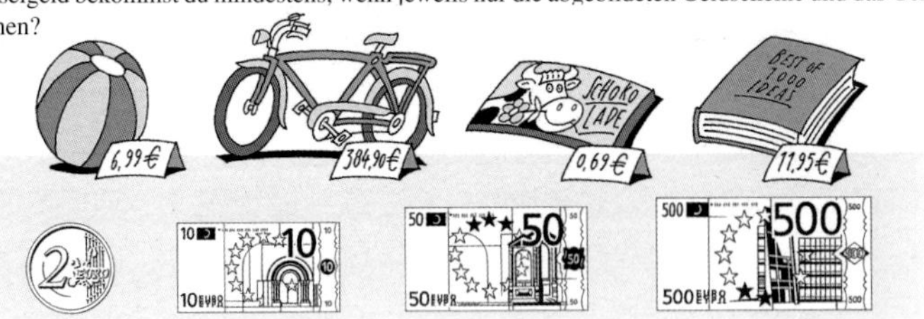

Ball: **3,01 €** Schokolade: **1,31 €** Buch: **0,05 €**

Rad: **115,10 €** Ball und Buch: **31,06 €** Schokolade und Rad: **114,41 €**

5 In einem Supermarkt gibt es in dieser Woche folgende Angebote:

Produkt	Preis
Hackfleisch	1,99 €
Brokkoli	0,69 €
Möhren	0,59 €
Äpfel	1,45 €
Sahne	0,29 €

Produkt	Preis
Spaghetti	0,95 €
Gouda	2,59 €
Putenschnitzel	4,89 €
Mineralwasser	0,55 €
Baguette	0,79 €

Frau Schildknecht kauft zwei Pakete Spaghetti, Hackfleisch, Möhren und Sahne. Sie bezahlt mit einem 20-€-Schein.

Wie viel Wechselgeld erhält Frau Schildknecht?

0,95 € + 0,95 € + 1,99 € + 0,59 € + 0,29 € = 4,77 €; 20 € – 4,77 € = 15,23 €

Frau Schildknecht erhält 15,23 € Wechselgeld.

Zeit

▶ Grundwissen

Einheiten	**Umrechnung**
Tag (d)	1 d = 24 h
Stunde (h)	1 h = 60 min
Minute (min)	1 min = 60 s
Sekunde (s)	

Ein Jahr hat 12 Monate. 1 Monat hat 28–31 Tage. Eine Woche hat 7 Tage.

▶ **Auftrag:** Ergänze.

Trainieren

1 Ordne jeder Tätigkeit die entsprechende Zeitdauer zu.
45 min; 5 s; 52 Wochen; 2 s; 14 Tage; 4 min; 15 min; 1 h; 70 min.

a) 4 km wandern: 1 h **b)** Nagel einschlagen: 5 s **c)** CD abspielen: 70 min
d) Reis kochen: 15 min **e)** Datum aufschreiben: 2 s **f)** Zähne putzen: 4 min
g) Ferien: 14 Tage **h)** Jahr: 52 Wochen **i)** Unterrichtsstunde: 45 min

2 Lies die Uhrzeit ab. Es gibt immer zwei Möglichkeiten.

a)

5.05 Uhr
17.05 Uhr

b)

12.59 Uhr
0.59 Uhr

c)

14.27 Uhr
2.27 Uhr

d)

16.37 Uhr
4.37 Uhr

3 Zeichne die entsprechende Uhrzeit ein.

a) 7.40 Uhr

b) 15.15 Uhr

c) 14.23 Uhr

d) 21.59 Uhr

4 Rechne in die angegebene Einheit um.

a) 18 000 s = 300 min **b)** 48 h = 2 Tage **c)** 5400 min = 90 h
d) 150 min = 2,5 h **e)** 630 s = 10,5 min **f)** 72 h = 3 Tage

5 Rechne in Sekunden um.

a) 6 min = 360 s **b)** 8 min = 480 s **c)** 11 min = 660 s
d) 15 min = 900 s **e)** 45 min = 2700 s **f)** 70 min = 4200 s
g) 90 min = 5400 s **h)** $5\frac{1}{2}$ min = 330 s **i)** $12\frac{1}{2}$ min = 750 s

6 Rechne in Minuten um.

a) 2 h = 120 min **b)** 6 h = 360 min **c)** 48 h = 2880 min
d) 180 s = 3 min **e)** 600 s = 10 min **f)** 6000 s = 100 min
g) 420 s = 7 min **h)** 780 s = 13 min **i)** 1710 s = $28\frac{1}{2}$ min

7 Wie viele Stunden

a) hat eine Woche? $7 \cdot 24\,h = 168\,h$ Eine Woche hat 168 Stunden.
b) hat ein Jahr? $365 \cdot 24\,h = 8760\,h$ Ein Jahr hat 8760 Stunden.
c) haben 3 Jahre? $3 \cdot 365 \cdot 24\,h = 26\,280\,h$ Drei Jahre haben 26 280 Stunden.
d) haben 7 Jahre? $7 \cdot 365 \cdot 24\,h = 61\,320\,h$ Sieben Jahre haben 61 320 Stunden.
e) haben 15 Jahre? $15 \cdot 365 \cdot 24\,h = 131\,400\,h$ Fünfzehn Jahre haben 131 400 Stunden.
f) haben 100 Jahre? $100 \cdot 365 \cdot 24\,h = 876\,000\,h$ Hundert Jahre haben 876 000 Stunden.

Anwenden und Vernetzen

8 Der erste Bus fährt um 5.10 Uhr vom Bahnhof zur Vorstadt. Er wartet dort zwei Minuten und fährt dann die gleiche Strecke zum Bahnhof zurück. Die Busse fahren alle 30 min.
Vervollständige den Fahrplan für die Buslinie vom Bahnhof zur Vorstadt und zurück.

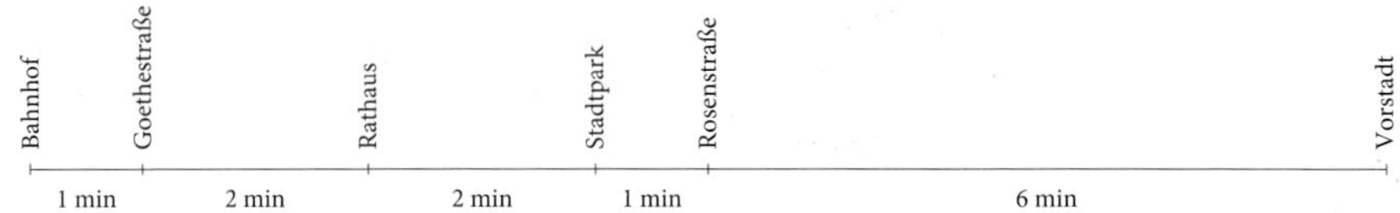

5.10	5.40	6.10	Bahnhof	5.36	6.06	6.36
5.11	5.41	6.11	Goethestraße	5.35	6.05	6.35
5.13	5.43	6.13	Rathaus	5.33	6.03	6.33
5.15	5.45	6.15	Stadtpark	5.31	6.01	6.31
5.16	5.46	6.16	Rosenstraße	5.30	6.00	6.30
5.22	5.52	6.22	Vorstadt	5.24	5.54	6.24

Wie lange fährt man von „Goethestraße" bis „Vorstadt"?

2 min + 2 min + 1 min + 6 min = 11 min. Man fährt 11 Minuten.

Gewicht (Masse)

▶ Grundwissen

Einheiten	Umrechnung
Tonne (t)	1 t = 1000 kg = 1 000 000 g = 1 000 000 000 mg
Kilogramm (kg)	1 kg = 1000 g = 1 000 000 mg
Gramm (g)	1 g = 1000 mg
Milligramm (mg)	

Beim Umrechnen in die nächstkleineren Einheiten wird die Maßzahl mit 1000 multipliziert.

▶ Auftrag: Ergänze.

Trainieren

1 In welcher Einheit ist es jeweils sinnvoll, das Gewicht der Tiere anzugeben?

a) Katze: Kilogramm b) Hund: Kilogramm
c) Hamster: Gramm d) Elefant: Tonne
e) Mücke: Milligramm f) Maus: Gramm

2 Rechne jeweils in die gegebene Einheit um.

a) 8 t = 8000 kg b) 50 g = 50 000 mg c) 78 kg = 78 000 g
d) 300 kg = 300 000 g e) 7 000 t = 7 000 000 kg f) 25 000 mg = 25 g
g) 300 000 g = 300 kg h) 7 000 mg = 7 g i) 400 000 000 mg = 400 kg

3 Rechne jeweils in die gegebene Einheit um.

a) 2 t 300 kg = 2,300 t b) 75 kg 250 g = 75,250 kg c) 7 g 800 mg = 7800 g
d) 8 kg 50 g = 8,050 kg e) 80 g 20 mg = 80,020 g f) 1 t 7 kg = 1,007 t
g) 8 t 560 kg = 8560 kg h) 78 g 50 mg = 78 050 mg i) 100 kg 23 g = 100,023 kg

4 Gib das Ergebnis jeweils in zwei Einheiten an.

a) 120 kg + 800 g = 120,800 kg = 120 800 g b) 77 t + 500 kg = 77,500 t = 77 500 kg
c) 1,5 kg + 250 g = 1,750 kg = 1750 g d) 80 g + 75 mg = 80,075 g = 80 075 mg

5 Ordne die Gewichte nach der Größe. Beginne mit dem kleinsten Wert.

a) 7 kg; 107 kg; 0,7 kg; 17 kg; 7 kg 100 g 0,7 kg; 7 kg; 7 kg 100 g; 17 kg; 107 kg
b) 333 g; 33 g 3 mg; 3 g 33 mg; 30 g 33 mg 3 g 33 mg; 30 g 33 mg; 33 g 3 mg; 333 g

6 Wandle in Kilogramm um. Runde auf volle Kilogramm.

a) 3866 g ≈ 4 kg b) 45 600 g ≈ 46 kg c) 122 100 g ≈ 122 kg
d) 349 900 g ≈ 350 kg e) 999 005 g ≈ 999 kg f) 999 999 g ≈ 1000 kg
g) 1,0011 t ≈ 1001 kg h) 0,0428 t ≈ 43 kg i) 0,7771 t ≈ 777 kg

7 Verfünffache die folgenden Angaben im Kopf.

a) 30 g 150 g b) 600 kg 3000 kg c) 5,2 t 26 t
d) 310 kg 1550 kg e) 0,5 kg 2,5 kg f) 820 g 4100 g
g) 0,2 t 1 t h) 750 g 3750 g i) 9,5 t 47,5 t

8 Wandle in dieselbe Einheit um und rechne dann im Kopf.

a) 5 kg + 200 g = 5000 g + 200 g = 5200 g b) 7,1 kg + 800 g = 7100 g + 800 g = 7900 g
c) 2,3 kg – 60 g = 2300 g - 60 g = 2240 g d) 2 t + 6 kg = 2000 kg + 6 kg = 2006 kg
e) 3,45 t – 43 kg = 3450 kg - 43 kg = 3407 kg f) 0,8 kg – 90 g = 800 g - 90 g = 710 g
g) 2,55 kg + 79 g = 2550 g + 79 g = 2629 g h) 0,72 t – 342 kg = 720 kg - 342 kg = 378 kg

Anwenden und Vernetzen

9 Der Fahrstuhl eines Wohnhauses kann aus Sicherheitsgründen nur mit maximal 200 kg belastet werden. Während eines Umzugs stehen noch folgende Gegenstände vor dem Haus: eine Waschmaschine (71 000 g), ein Kühlschrank (0,036 t), eine Kühltruhe (0,026 t), ein antiker Schreibtisch (0,103 t), sechs Bücherkisten (je 50 000 g), ein Tresor (0,122 t), zwei Fernseher (je 39 000 g) und eine Statue aus Marmor (64 000 g).

a) Gib alle im Text vorkommenden Größenangaben in Kilogramm an.

71 000 g = 71 kg; 0,036 t = 36 kg; 0,026 t = 26 kg; 0,103 t = 103 kg; 50 000 g = 50 kg;
0,122 t = 122 kg; 39 000 g = 39 kg; 64 000 g = 64 kg

b) Finde mehrere Möglichkeiten, wie die Gegenstände mit dem Fahrstuhl in die 3. Etage transportiert werden können. Wie oft muss man mindestens fahren?

individuelle Lösung

Alle Gegenstände wiegen zusammen 800 kg. Der Fahrstuhl muss mindestens 4-mal fahren.

10 Lege jeweils auf die rechte Seite der Waage so viele Wägstücke, dass die Waage im Gleichgewicht ist. Du darfst dazu für jede Teilaufgabe einmal den rechts abgebildeten Satz Wägstücke nutzen.

a)

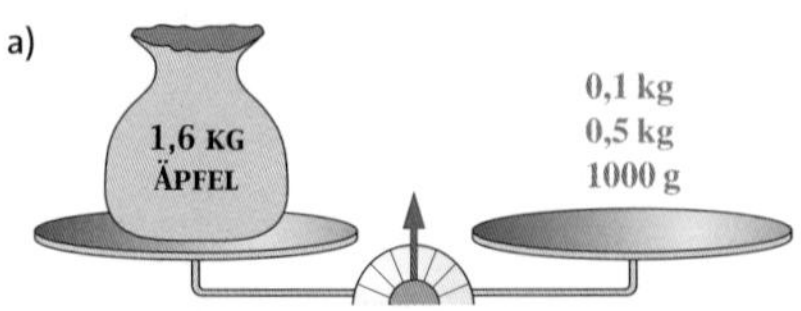

0,1 kg
0,5 kg
1000 g

b)

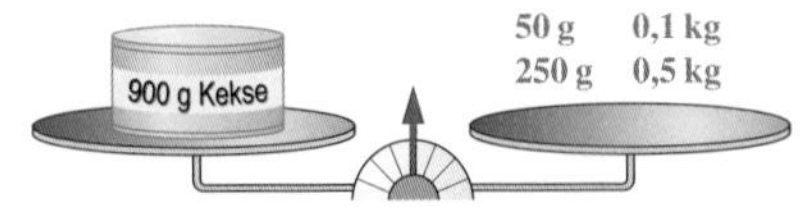

50 g 0,1 kg
250 g 0,5 kg

Länge

▶ **Grundwissen**

Einheiten	Umrechnung
Kilometer (km)	1 km = 1000 m
Meter (m)	1 m = 10 dm
Dezimeter (dm)	1 dm = 10 cm
Zentimeter (cm)	1 cm = 10 mm
Millimeter (mm)	

Beim Umrechnen von Längeneinheiten in kleinere Einheiten wird die Maßzahl größer.

▶ Auftrag: Ergänze.

Trainieren

1 Streiche die Längenangaben durch, die zu keiner Strecke passen.
~~0,17 km;~~ 1 dm 7 cm; 170 mm; 0,17 m; ~~17 mm;~~ 1,1 cm; 110 mm; 0,11 m; ~~11 km;~~ 0,11 dm; ~~7,5 km;~~ 75 mm; ~~75 cm~~

2 Rechne in die jeweilige Einheit um.

a) 200 cm = 20 dm = 2 m
b) 1000 mm = 100 cm = 10 dm
c) 7 cm = 0,7 dm = 0,7 m
d) 20 000 dm = 2000 m = 2 km
e) 35 cm = 3,5 dm = 0,35 m
f) 155 mm = 15,5 cm = 1,55 dm
g) 175 cm = 17,5 dm = 1,75 m
h) 190 mm = 19 cm = 1,9 dm

3 Ordne die Längen der Größe nach. Beginne mit der kleinsten Länge.

a) 18 dm; 450 cm; 165 mm; 0,2 km; 400 m; 869 dm

165 mm; 18 dm; 450 cm; 869 dm; 0,2 km; 400 m

b) 5280 cm; 825 dm; 8,05 km; 28 000 mm; 25 008 m

28 000 mm; 5280 cm; 825 dm; 8,05 km; 25 008 m

4 Ordne jedem Gegenstand eine der folgenden Größenangaben zu:
28 mm; 38 mm; 90 cm; 150 mm; 210 mm; 18 m; 320 m; 15 mm; 21 dm.

a) Breite einer Tür: 90 cm
b) Höhe einer Tür: 21 dm
c) Länge einer Tintenpatrone: 38 mm
d) Dicke eines Buches: 28 mm
e) Länge eines Güterzuges: 320 m
f) Länge eines Lkw: 18 m
g) Breite eines Daumens: 15 mm
h) Breite einer DIN-A4-Seite: 210 mm

5 Ergänze zu richtig gelösten Aufgaben. Achte auf die Einheiten.

a) 85 cm · 10 = 850 cm
b) 48 cm : 2 = 24 cm
c) 150 m · 20 = 3000 m
d) 71 cm · 3 = 213 cm
e) 7 cm · 9 = 63 cm
f) 905 cm : 5 = 181 cm

6 Schreibe fortlaufend in kleineren Maßeinheiten.

a) 5 km = 5000 m = 50 000 dm = 500 000 cm = 5 000 000 mm
b) 800 m = 8000 dm = 80 000 cm = 800 000 mm
c) 2 km 700 m = 2700 m = 27 000 dm = 270 000 cm = 2 700 000 mm

7 Schreibe fortlaufend in größeren Maßeinheiten.

a) 31 000 mm = 3100 cm = 310 dm = 31 m
b) 260 000 mm = 26 000 cm = 2600 dm = 260 m
c) 8 700 000 mm = 870 000 cm = 87 000 dm = 8700 m = 8 km 700 m

Anwenden und Vernetzen

8 Ein Trinkhalm ist 19 cm lang. 50 Trinkhalme werden genau aneinander gelegt.
Wie lang ist die Strecke?

950 cm = 9,50 m

9 Schätze, welche die kürzeste Verbindung vom Anfang *A* zum Ziel *Z* ist.
Bestimme danach die Länge der Verbindung.

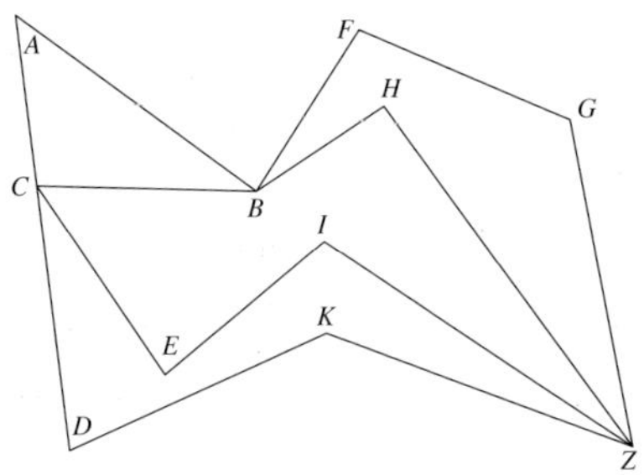

Länge der Teilstrecken:

$\overline{AB}$: 3,5 cm = 35 mm; $\overline{BH}$: 1,8 cm = 18 mm

$\overline{HZ}$: 4,9 cm = 49 mm

Länge der Verbindung:

35 mm + 18 mm + 49 mm = 102 mm = 10,2 cm = 1,02 dm

Maßstab

▶ Grundwissen

Maßstab 1 : 100 bedeutet

1 cm in der **Zeichnung** entsprechen 100 cm = 1 m in der **Wirklichkeit**.

▶ Auftrag: Ergänze im Satz die Worte „Zeichnung" und „Wirklichkeit".

Trainieren

1 Ermittle die Längen in der Wirklichkeit (Maßstab: 1 : 25).

Modell	Wirklichkeit
10 cm	10 cm · 25 = 250 cm
12 cm	12 cm · 25 = 300 cm
0,05 km	0,05 km · 25 = 1,25 km
1 cm	1 cm · 25 = 25 cm
125 mm	125 mm · 25 = 3125 mm

2 Ermittle die Längen im Modell (Maßstab 1 : 500).

Wirklichkeit	Modell
2 km	2000 m : 500 = 4 m
70 m	7000 cm : 500 = 14 cm
200 cm	200 cm : 500 = 0,4 cm
50 dm	500 cm : 500 = 1 cm
0,04 km	4000 cm : 500 = 8 cm

3 Ergänze die Tabelle.

Modell	Wirklichkeit	Maßstab
10 mm	200 mm	1 : 20
5 cm	35 km	1 : 700 000
0,0034 m = 3,4 mm	17 m	1 : 5000
150 m	30 000 m = 30 km	1 : 200
12 cm	720 000 cm = 7,2 km	1 : 60 000
10 m	80 km	1 : 8000
8 cm	600 km	1 : 7 500 000

4 Bestimme den zugehörigen Maßstab.

a) 0 1 2 3 4 5 6 km

Rechnung: 12 cm : 6 km; 12 cm : 600 000 cm; 1 : 50 000

b) 0 100 200 300 400 500 km

Rechnung: 10 cm : 500 km; 10 cm : 50 000 000 cm; 1 : 5 000 000

c) 0 15 30 45 km

Rechnung: 15 cm : 45 km; 15 cm : 4 500 000 cm; 1 : 300 000

5 Ergänze die Tabelle.

Modell	Wirklichkeit	Maßstab
100 mm	50 mm	2 : 1
50 cm	10 cm	5 : 1
90 m	3 m	30 : 1
16 mm	4 mm	4 : 1
125 cm	25 cm	5 : 1
400 m	5 m	80 : 1
27 m	3 m	9 : 1
3 m	27 m	1 : 9
7 cm	49 cm	1 : 7
12 km	96 km	1 : 8

Anwenden und Vernetzen

6 Diese Wohnung ist im Maßstab 1 : 120 gezeichnet.
Ermittle die Breiten und Längen in Wirklichkeit.

	Zeichnung	Wirklichkeit
Breite Wohnzimmer	27 mm	3240 mm = 324 cm
Länge Wohnzimmer	44 mm	528 mm = 528 cm
Breite Tür Wohnen	7 mm	840 mm = 84 cm
Breite Dusche	13 mm	1560 mm = 156 cm

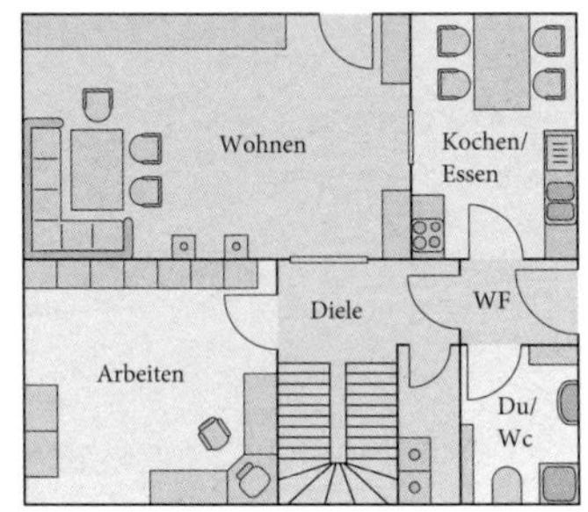

7 Das Dampfschiff Titanic startete am 10.04.1912 zu seiner ersten Fahrt über den Atlantischen Ozean. 22 000 Personen waren an Bord. Vier Tage später ging das Schiff unter. Von der Titanic gibt es viele Modelle. Eines ist 60 cm lang und 62 mm breit. Der Maßstab des Modells ist 1:450. Berechne die Größe des Schiffes in Wirklichkeit.

Rechnung: Länge: 600 mm · 450 = 270 000 mm = 27 000 cm = 2700 dm = 270 m

Breite: 62 mm · 450 = 27 900 mm = 2790 cm = 279 dm = 27 m 9 dm

Antwort: Die Titanic war 270 m lang und 27 m 9 dm breit.

Im Kopf multiplizieren und dividieren

▶ Grundwissen

Multiplikation ist die mehrmals ausgeführte Addition des gleichen Summanden.

Fachbegriffe bei der **Multiplikation**:

3	·	95	=	285
1. Faktor	·	2. Faktor	=	Wert des Produkts

Bei der **Division** wird eine Zahl in gleiche Teile zerlegt.

Fachbegriffe bei der **Division**:

327	:	3	=	109
Dividend	:	Divisor	=	Wert des Quotienten

Die Division ist die **Umkehrung** der Multiplikation und die Multiplikation ist die Umkehrung der Division.

15 · 12 = 180 Probe: 180 : 12 = 15

1. Faktor · 2. Faktor = Wert des Produkts

525 : 25 = 21 Probe: 21 · 25 = 525

Dividend : Divisor = Wert des Quotienten

▶ Auftrag: Ergänze den 2. Faktor oder den Divisor und mache die Probe.

Trainieren

1 Multipliziere im Kopf.

a)	5 · 20 = 100	5 · 30 = 150	5 · 40 = 200	5 · 50 = 250
b)	6 · 20 = 120	6 · 30 = 180	6 · 40 = 240	6 · 50 = 300
c)	7 · 30 = 210	7 · 40 = 280	7 · 50 = 350	7 · 60 = 420
d)	8 · 20 = 160	9 · 20 = 180	10 · 20 = 200	11 · 20 = 220
e)	5 · 40 = 200	6 · 40 = 240	6 · 80 = 480	12 · 80 = 960

2 Dividiere im Kopf.

a)	40 : 5 = 8	400 : 5 = 80	4000 : 5 = 800	40 000 : 5 = 8000
b)	40 : 2 = 20	400 : 2 = 200	40 000 : 2 = 20 000	400 000 : 2 = 200 000
c)	40 : 4 = 10	400 : 8 = 50	4000 : 40 = 100	40 000 : 80 = 500

3 Schreibe kürzer und rechne aus.

a) 18 + 18 + 18 + 18 + 18 = 18 · 5 = 90

b) 900 + 900 + 900 + 900 + 900 + 900 + 900 + 900 + 900 = 900 · 9 = 8100

4 Dividiere im Kopf und mache die Probe.

a) 64 : 8 = 8; Probe: 8 · 8 = 64

b) 98 : 7 = 14; Probe: 14 · 7 = 98

c) 120 : 6 = 20; Probe: 20 · 6 = 120

d) 150 : 25 = 6; Probe: 6 · 25 = 150

e) 280 : 10 = 28; Probe: 28 · 10 = 280

f) 180 : 6 = 30; Probe: 30 · 6 = 180

5 Welche Zahlen müssen eingefügt werden, damit richtig gelöste Aufgaben entstehen?

a)	b)	c)
2 · 24 = 48	2 · 27 = 54	2 · 60 = 120
3 · 16 = 48	3 · 18 = 54	3 · 40 = 120
4 · 12 = 48	6 · 9 = 54	4 · 30 = 120
6 · 8 = 48	18 · 3 = 54	5 · 24 = 120
16 · 3 = 48	27 · 2 = 54	12 · 10 = 120
24 · 2 = 48	1 · 54 = 54	15 · 8 = 120

d)	e)	f)
80 : 2 = 40	48 : 8 = 6	130 : 10 = 13
30 : 3 = 10	96 : 3 = 32	260 : 20 = 13
90 : 3 = 30	65 : 5 = 13	560 : 10 = 56
120 : 2 = 60	84 : 7 = 12	1120 : 20 = 56
150 : 15 = 10	75 : 3 = 25	320 : 10 = 32
140 : 7 = 20	70 : 5 = 14	384 : 12 = 32

6 Bei diesen Aufgaben bleibt ein Rest.

a) 52 : 5 = 10 Rest: 2	b) 64 : 6 = 10 Rest: 4	c) 49 : 4 = 12 Rest: 1
d) 21 : 8 = 2 Rest: 5	e) 49 : 5 = 9 Rest: 4	f) 72 : 11 = 6 Rest: 6
g) 67 : 8 = 8 Rest: 3	h) 33 : 2 = 16 Rest: 1	i) 36 : 13 = 2 Rest: 10

Anwenden und Vernetzen

7 Georg erfüllt sich seinen Traum und kauft sich ein sehr leichtes Rennrad zum Preis von 873 €. Er erbringt eine Anzahlung von 362 € und zahlt den Rest in monatlichen Raten zu 52 €. Wie viele Monate zahlt Georg ab?

	8	7	3
–	3	6	2
	5	1	1

511 : 52 = 9 Rest: 43

52 · 9 = 468

	5	1	1
–	4_1	6_1	8
		4	3

Antwort: Georg zahlt 9 Monate 52 € und im 10. Monat 43 €.

8 Eine Wand soll gefliest werden. Für jede Reihe werden 25 Fliesen benötigt. Wie viele Fliesen braucht man insgesamt, wenn 8 Reihen gefliest werden?

25 · 8 = 20 · 8 + 5 · 8 = 160 + 40 = 200; Es werden 200 Fliesen benötigt.

Schriftlich multiplizieren und dividieren

▶ Grundwissen

Bei der **schriftlichen Multiplikation** mit mehrstelligen Zahlen wird zunächst nacheinander mit den …, Hunderten, Zehnern, Einern des zweiten Faktors multipliziert. Die Zwischenergebnisse werden stellengerecht notiert und zum Schluss addiert. Vor der Rechnung wird das Ergebnis überschlagen.

Beispiel:

```
  356 · 47
   1424
+  2492
  16732
```

Bei der **schriftlichen Division** durch mehrstellige Divisoren wird der Dividend so zerlegt, dass durch den Divisor geteilt werden kann. Zum jeweiligen Rest der Differenzen werden solange die nächsten Ziffern hinzugefügt, bis die Einerziffer erreicht ist. Hat die letzte Differenz den Wert 0, so bleibt bei der Division kein Rest.

Beispiel:

```
200 : 8 = 25
16
 40
-40
  0
```

▶ **Auftrag:** Ergänze die fehlenden Ziffern.

Trainieren

1 Multipliziere schriftlich.

a) 851 · 80

```
851 · 80
 68080
   000
 68080
```

b) 126 · 27

```
126 · 27
  2520
   882
  3402
```

c) 819 · 35

```
819 · 35
 24570
  4095
 28665
```

2 Dividiere schriftlich. Es tritt kein Rest auf.

a)

```
906 : 6 = 151
-6
 30
-30
  06
 - 6
   0
```

b)

```
3915 : 9 = 435
-36
  31
 -27
   45
  -45
    0
```

3 Dividiere schriftlich. Hier tritt ein Rest auf.

a)

```
891 : 8 = 111 Rest 3
-8
 09
- 8
  11
 - 8
   3
```

b)

```
4178 : 5 = 835 Rest 3
-40
  17
 -15
   28
  -25
    3
```

4 Vervollständige die Tabellen.

a)

·	5	7	9
20	100	140	180
30	150	210	270
40	200	280	360
52	260	364	468
61	305	427	549
75	375	525	675
84	420	588	756
97	485	679	873

b)

·	3	8	11
28	84	224	308
134	402	1072	1474
268	804	2144	2948
298	894	2384	3278
421	1263	3368	4631
582	1746	4656	6402
677	2031	5416	7447
891	2673	7128	9801

5 Ergänze die Rechnungen.

a)

```
6147 : 9 = 683
-54
  74
 -72
   27
  -27
    0
```

b)

```
11139 : 47 = 237
-94
 173
-141
  329
 -329
    0
```

Anwenden und Vernetzen

6 Josef plant an einem Sonntag ein Tennisturnier für die Schüler seiner Stadt. Die Platzmiete für den ganzen Tag beträgt 25 000 €. Der Platz hat 42 Reihen mit je 198 Sitzplätzen. Der Eintrittspreis pro Sitzplatz soll vier Euro kosten. Lohnt sich das Geschäft für Josef, vorausgesetzt, dass Tickets für alle Plätze verkauft werden. Überschlage und rechne dann genau.

Überschlag: 40 · 200 = 8000; 8000 · 4 € = 32 000 €

Nebenrechnung:

```
42 · 198
  4200
  3470
   336
  8316
```

```
8316 · 4
 33264
```

```
  33264 €
- 25000 €
   8264 €
```

Antwortsatz: Josef kann einen Gewinn von 8264 € machen.

Rechenregeln sinnvoll anwenden

▶ Grundwissen

Kommutativgesetz (Vertauschungsgesetz)
Faktoren dürfen beliebig vertauscht werden. $a \cdot b = b \cdot a$

Assoziativgesetz (Verbindungsgesetz)
Faktoren dürfen beliebig durch Klammern zusammengefasst werden. $(a \cdot b) \cdot c = a \cdot (b \cdot c)$

Vorrangregeln
1) Werte in Klammern werden zuerst berechnet
2) Punktrechnung geht vor Strichrechnung

Distributivgesetz (Verteilungsgesetz)
Wird eine Summe oder eine Differenz mit einer Zahl multipliziert, so kann die Klammer folgendermaßen aufgelöst werden: $(a + b) \cdot c = a \cdot c + b \cdot c$ bzw. $(a - b) \cdot c = a \cdot c - b \cdot c$
Diese Regel gilt auch für die Division: $(a + b) : c = a : c + b : c$ bzw. $(a - b) : c = a : c - b : c$

(28 + 12)· 4 = 112 + 48 = 160

12 + 2 ·(10 + 9)· 2 = 12 + 76 = 88

55 + 10 ·(3 + 20)= 55 + 230 = 285

6 · 7 +(4 + 18)· 9 = 42 + 22 · 9 = 42 + 198 = 240

▶ Auftrag: Setze so in den Rechnungen Klammern, dass die Zwischenergebnisse stimmen und berechne die Lösungen.

Trainieren

1 Untersteiche alle Punktrechnungen und berechne die Lösungen.

a) 125 · 4 + 5 = 500 + 5 = 505
b) 1000 − 10 · 100 = 1000 − 1000 = 0
c) 500 · 2 − 600 = 1000 − 600 = 400
d) 144 : 4 − 6 = 36 − 6 = 30
e) 999 : 111 − 8 = 9 − 8 = 1
f) 33 − 8 · 2 = 33 − 16 = 17

2 Rechne vorteilhaft.

a) 27 · 5 · 2 = 27 · 10 = 270
b) 20 · 46 · 5 = 100 · 46 = 4600
c) 27 · 50 · (28 + 12) = 27 · 50 · 40 = 27 · 2000 = 54 000
d) 33 · 5 · (24 − 8 : 4) = 33 · 5 · (24 − 2) = 33 · 5 · 22 = 33 · 110 = 3630

3 Wende das Distributivgesetz an und berechne die Lösungen.

a) 5 · 7 + 5 · 13 = 5 · (7 + 13) = 5 · 20 = 100
b) 16 · 19 − 16 · 11 = 16 · (19 − 11) = 16 · 8 = 128
c) 101 · 104 − 97 · 101 = 101 · (104 − 97) = 101 · 7 = 707

4 Löse zuerst die Klammern auf und berechne dann die Lösungen.

a) (160 + 90) : 10 = 160 : 10 + 90 : 10 = 16 + 9 = 25
b) 7 · (210 − 120) = 7 · 210 − 7 · 120 = 1470 − 840 = 630

5 Fülle die Rechenbäume aus. Schreibe dazu die Rechenaufgaben. Setze Klammern, wo es notwendig ist.

a)
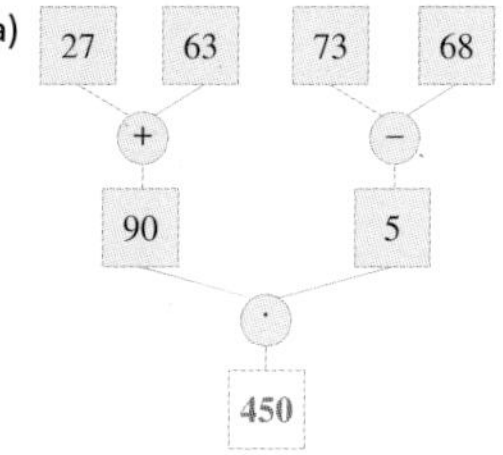

(27 + 63) · (73 − 68) = 90 · 5 = 450

b)
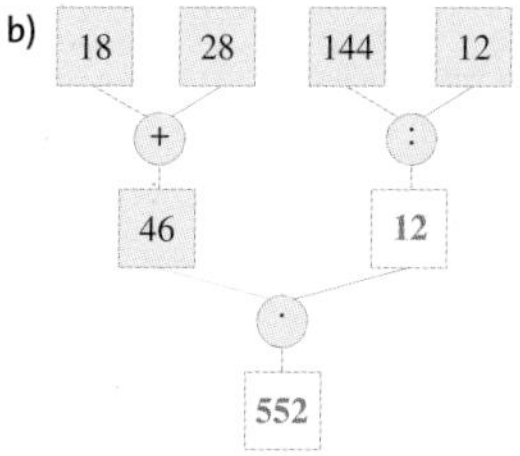

(18 + 28) · (144 : 12) = 46 · 12 = 552

c)
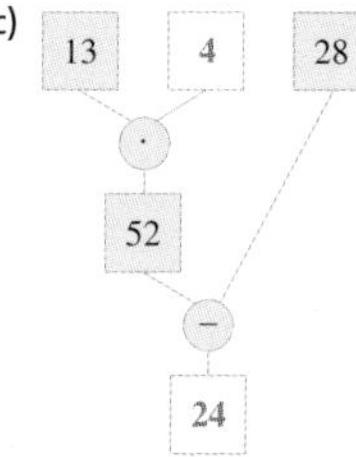

13 · 4 − 28 = 52 − 28 = 24

d)
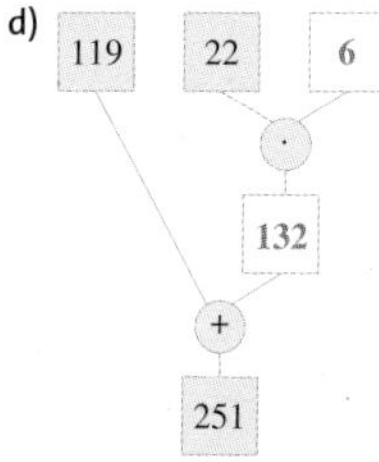

119 + 22 · 6 = 119 + 132 = 251

Anwenden und Vernetzen

6 Ein Gemüsehändler auf dem Markt verkauft innerhalb einer Stunde folgende Mengen an gelben Paprika: 2 kg, 4 kg, 3 kg, 1 kg, 2 kg und 3 kg. Gelbe Paprika kosten bei ihm 2 € pro kg. Der Händler berechnet nun folgendermaßen seinen Umsatz für die Paprika innerhalb einer Stunde:

	2 · 2 € =	4 €
+	4 · 2 € =	8 €
+	3 · 2 € =	6 €
+	1 · 2 € =	2 €
+	2 · 2 € =	4 €
+	3 · 2 € =	6 €
		30 €

Berechne den Umsatz mit einem schnelleren Verfahren.

(2 + 4 + 3 + 1 + 2 + 3) · 2 € = 15 · 2 € = 30 €

7 Schreibe als Rechenaufgabe und berechne.

a) Dividiere die Differenz der Zahlen tausend und eins durch die Summe der Zahlen sechs und drei.

(1000 − 1) : (6 + 3) = 999 : 9 = 111

b) Subtrahiere den Quotienten der Zahlen vierundsechzig und acht vom Produkt der Zahlen neun und fünfzehn.

9 · 15 − (64 : 8) = 135 − 8 = 127

Textaufgaben mit Rechenbäumen lösen

▶ Grundwissen

Rechenbäume sind eine Form der grafischen Darstellung, um Beziehungen zwischen Zahlen und Größen mithilfe von Operationszeichen darzustellen. Diese Form wird auch als Darstellung zu Sachaufgaben eingesetzt.

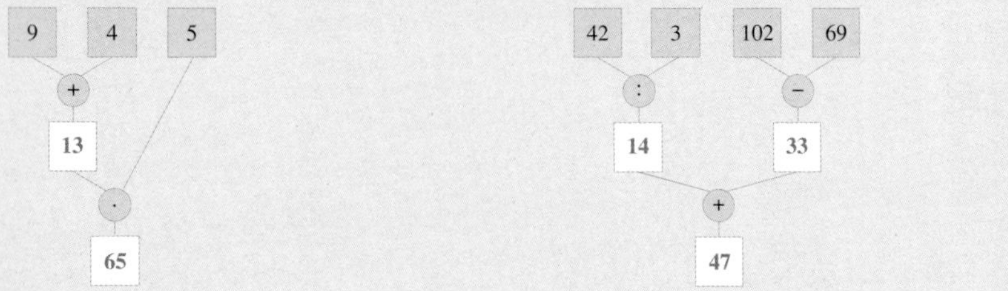

$(9 + 4) \cdot 5 = 13 \cdot 5 = 65$

$42 : 3 + (102 - 69) = 14 + 33 = 47$

▶ **Auftrag:** Schreibe zu jedem Rechenbaum die zugehörige Rechenaufgabe auf und berechne das Ergebnis.

Trainieren

1 Finde zu jeder Textaufgabe (A bis C) den passenden Rechenbaum (1 bis 3). Ordne jedem Rechenbaumkästchen eine Bedeutung aus der Textaufgabe zu. Fülle alle leeren Felder aus und beantworte die Frage.

A Paul spielt dreimal wöchentlich 90 Minuten Fußball. Wie viele Minuten spielt er insgesamt in drei Wochen?

B Saskia kauft in einer Buchhandlung 3 Bücher zu 7 € und 4 Bücher zu 5 €. Wie viel Geld muss sie an der Kasse bezahlen?

C In einem Zug werden 3 Abteile für jeweils 4 Personen, ein Abteil für 6 Personen und 9 Einzelplätze reserviert. Für wie viele Personen liegen insgesamt Reservierungen vor?

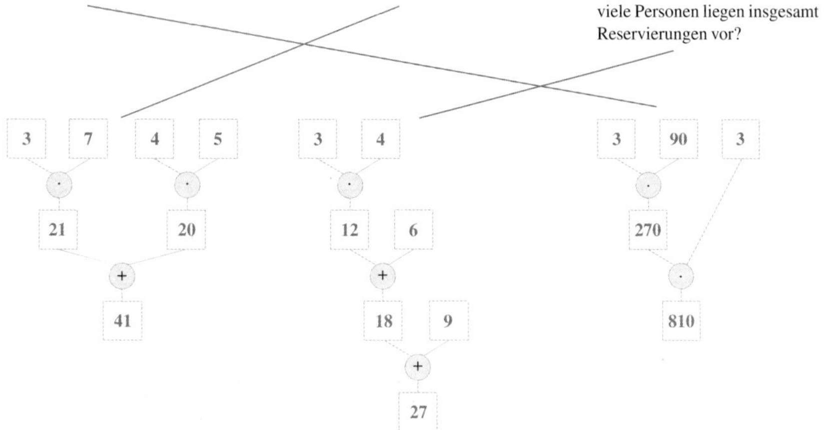

Antwort zu Aufgabe A: Insgesamt spielt Paul in drei Wochen 810 Minuten Fußball.

Antwort zu Aufgabe B: Insgesamt zahlt Saskia an der Kasse 41 €.

Antwort zu Aufgabe C: Insgesamt liegen für 27 Personen Reservierungen vor.

2 Zeichne zu jeder Aufgabe jeweils einen Rechenbaum und beantworte die Frage.

a) Am Sonntag geht das Ehepaar Rainers mit seinen drei Kindern ins Schwimmbad. Der Eintrittspreis beträgt 6 € für Erwachsene und 4 € für Kinder. Wie viel kostet der Eintritt für die gesamte Familie?

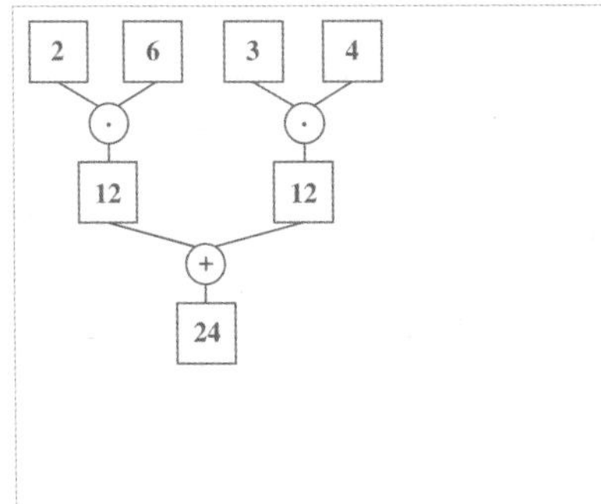

Für die gesamte Familie kostet der Eintritt 24 €.

b) In einer Einkaufstüte befinden sich 3 Äpfel die zusammen 690 g wiegen. Die Tasche selbst wiegt 20 g. Wie viel wiegen die zwei Aprikosen, die sich auch in der Tüte befinden, jeweils, wenn das Gesamtgewicht 890 g beträgt?

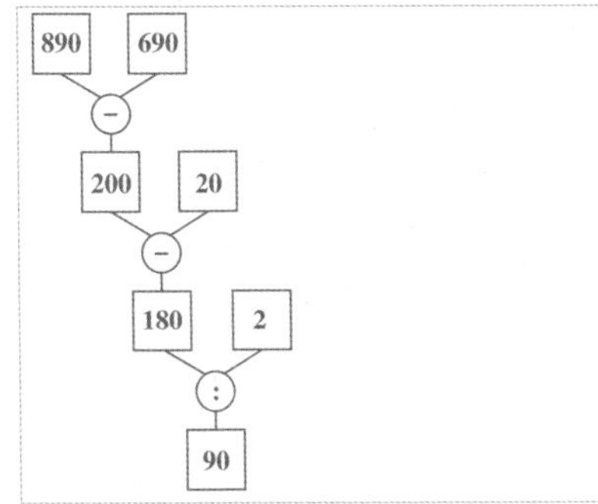

Eine Aprikose wiegt 90 g.

Anwenden und Vernetzen

3 Zeichne zu jeder Aufgabe jeweils einen Rechenbaum und erfinde eine passende Textaufgabe.

a) $4 \cdot 6 - 3 \cdot 8$

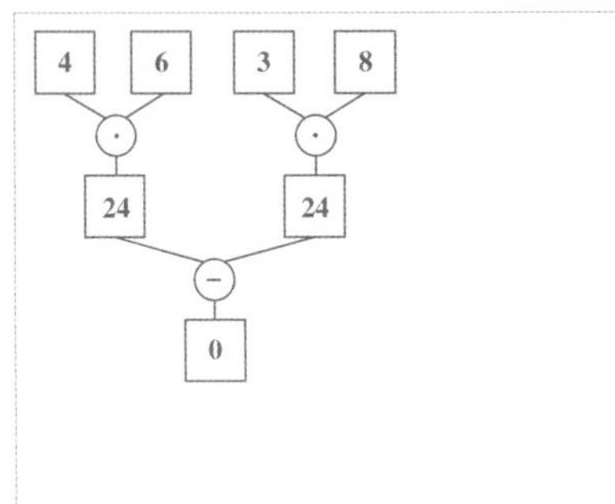

z.B. Carlos bekommt pro Woche 4 € Taschengeld. Er spart sein Taschengeld 6 Wochen lang, um sich drei Taschenbücher zu kaufen, die jeweils 8 € kosten. Wie viel Geld hat er noch nach dem Kauf der Bücher?

b) $2 \cdot (3 + 9) - 11$

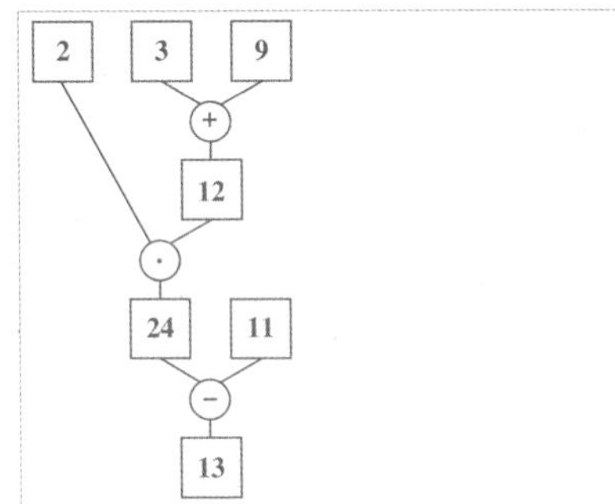

z.B. Saskia erhält pro Woche 9 € Taschengeld. Dafür, dass sie den Hund der Nachbarin ausführt, bekommt sie pro Woche 3 €. Sie spart ihr Geld zwei Wochen lang, um sich eine CD für 11 € zu kaufen. Wie viel Geld bleibt übrig?

Flächenformen erkennen und benennen

▶ **Grundwissen**

Jede geometrische Figur, die nur von Strecken begrenzt wird, heißt **Vieleck**. Die Anzahl der Eckpunkte bestimmt den Namen der Fläche. Die Eckpunkte werden mit großen Buchstaben bezeichnet. Die einzelnen Strecken, z. B. Strecke $\overline{AB}$, werden **Seite einer Fläche** genannt.

Quadrat: – gegenüberliegende Seiten sind parallel, – benachbarte Seiten stehen senkrecht aufeinander, – alle Seiten sind gleich lang
Rechteck: – gegenüberliegende Seiten sind parallel, – benachbarte Seiten stehen senkrecht aufeinander
Parallelogramm: – gegenüberliegende Seiten sind parallel,
Raute (Rhombus): – gegenüberliegende Seiten sind parallel, – alle Seiten sind gleich lang

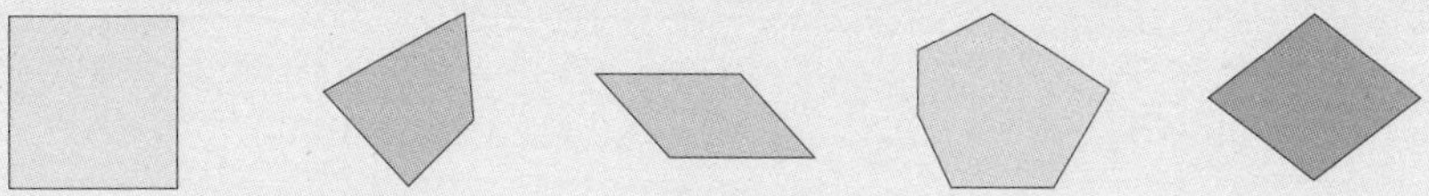

Quadrat | Viereck | Parallelogramm | Sechseck | Raute

▶ Auftrag: Wie heißen die Vielecke?

Trainieren

1 Zeichne Rechtecke.

a) Länge 6 cm; Breite 2,5 cm

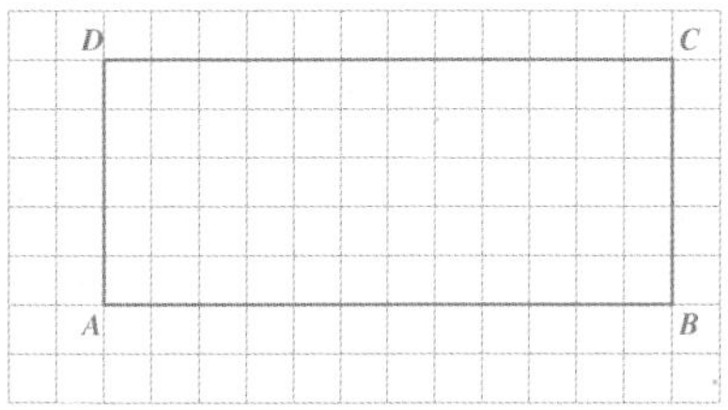

b) Länge 65 mm; Breite 32 mm

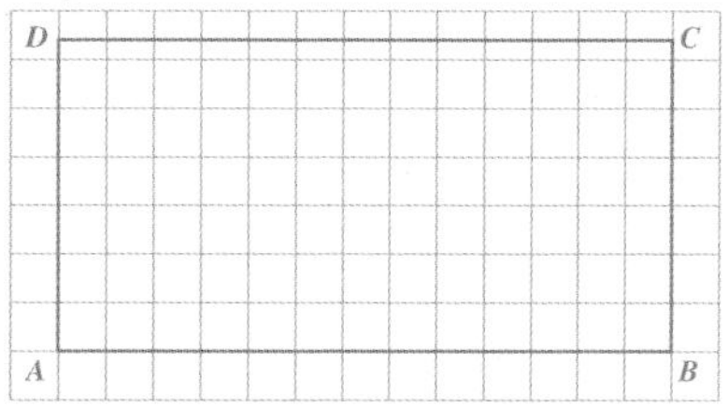

2 Trage die Punkte ein und verbinde sie in der angegebenen Reihenfolge. Verbinde den letzten Punkt jeweils mit *A*. Wie heißen die entstehenden Flächen?

a) $A(1|0{,}5)$, $B(3|1)$, $C(1{,}5|3{,}5)$, $D(0{,}5|2{,}5)$

b) $A(6{,}5|1{,}5)$, $B(8{,}5|2)$, $C(9|3{,}5)$, $D(7{,}5|4)$, $E(6{,}5|3{,}5)$, $F(5{,}5|2{,}5)$

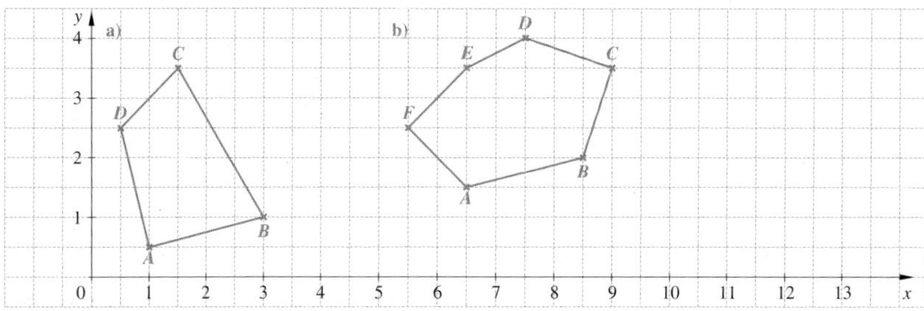

a) Viereck

b) Sechseck

Das Sechseck besitzt 2 Ecken mehr als das Viereck.

3 Miss die Seitenlängen und gib an, welche der Vierecke Parallelogramme sind.

a)

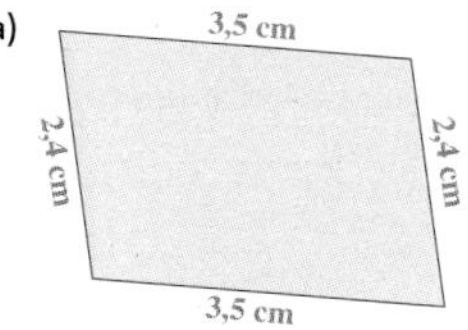

b)

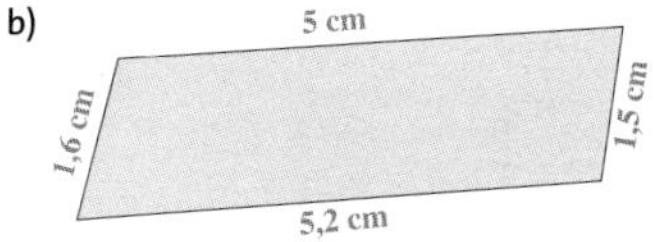

c)

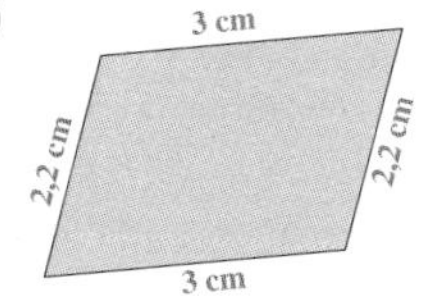

d)

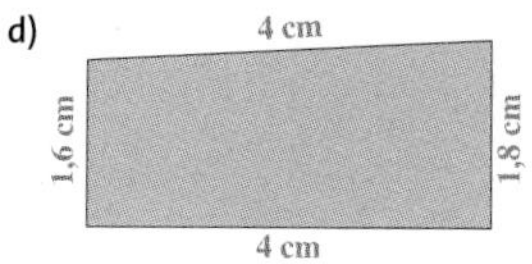

Bei den Vierecken a) und c) handelt es sich um Parallelogramme, da die gegenüberliegenden Seiten gleichlang sind.

Anwenden und Vernetzen

4 Spiegle die Figuren an der Gerade *g*. Notiere, wie die entstehenden Vierecke heißen.

a)

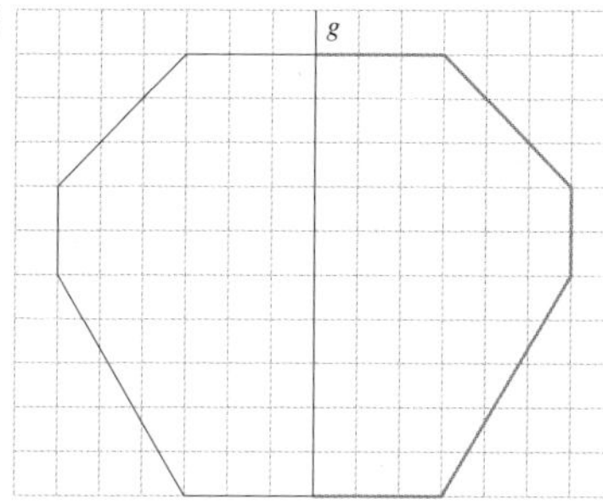

b)

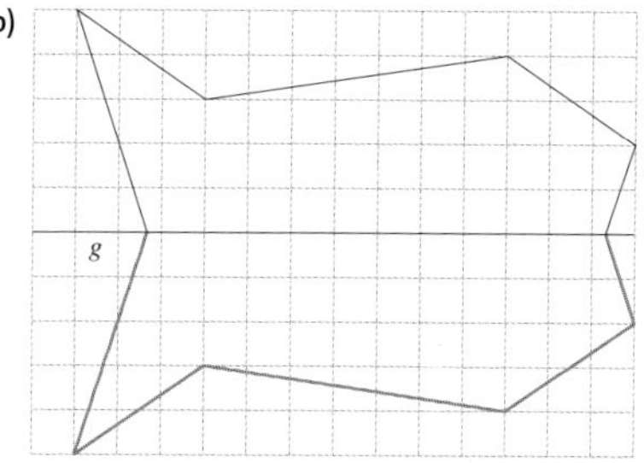

a) Achteck

b) Zehneck

5 Auf welche Vierecke treffen diese Eigenschaften zu?

Eigenschaften	Quadrat	Rechteck	Raute	Parallelogramm
Die geometrische Figur besitzt 4 Ecken	×	×	×	×
Das Viereck hat zwei Paar parallele Seiten, die jeweils gleich lang sind.	×	×	×	×
Das Viereck hat genau zwei Symmetrieachsen.		×		
Bei dem Viereck sind die gegenüberliegenden Seiten gleich lang.	×	×	×	×
Das Viereck hat vier gleich lange Seiten.	×		×	

Umfang von Vielecken

▶ Grundwissen

Der Umfang u ist die Summe aller Seitenlängen einer geometrischen Figur.

Für das Rechteck gilt:
Umfang = 2 · Länge + 2 · Breite
$u = 2 \cdot a + 2 \cdot b$

Für das Quadrat gilt:
Umfang = 4 · Länge
$u = 4 \cdot a$

▶ Auftrag: Gib die richtigen Namen der Vierecke in die Lücken ein.

Trainieren

1 Miss die Seitenlängen der Flächen und berechne ihren Umfang.
Schreibe die Ergebnisse in die Figuren.

Von links nach rechts: $u = 2 \cdot (5 + 2)\,cm = 14\,cm$; $u = 2 \cdot (2 + 1)\,cm = 6\,cm$

$u = 4 \cdot 2\,cm = 8\,cm$; $u = 4 \cdot 3\,cm = 12\,cm$

2 Welche Rechtecke haben den gleichen Umfang?

a) $a = 20$ cm; $b = 8$ cm; $u =$ 56 cm

b) $a = 8$ cm; $b = 25$ mm; $u =$ 21 cm Die Rechtecke b) und d) haben gleichen Umfang.

c) $a = 4$ cm; $b = 6$ dm; $u =$ 128 cm Die Rechtecke c) und e) haben gleichen Umfang.

d) $a = 1{,}5$ cm; $b = 9$ cm; $u =$ 21 cm

e) $a = 32$ cm; $b = 32$ cm; $u =$ 128 cm

3 Vervollständige die Tabelle mit Messgrößen von Rechtecken. Achte auf die Einheiten und rechne um, wenn nötig.

a)

Länge a	7 cm	1,5 dm	4 m	9 cm	27 mm
Breite b	8 cm	25 cm	9 m	9 cm	13 mm
Umfang u	30 cm	80 cm	26 m	36 cm	8 cm

b)

Länge a	2,8 cm	17 cm	210 m	25 cm	17,3 cm
Breite b	3,8 cm	3 cm	60 m	25 cm	22,9 cm
Umfang u	13,2 cm	400 mm	540 m	1 m	80,4 cm

4 Benenne die Vielecke und berechne jeweils den Umfang.

a)

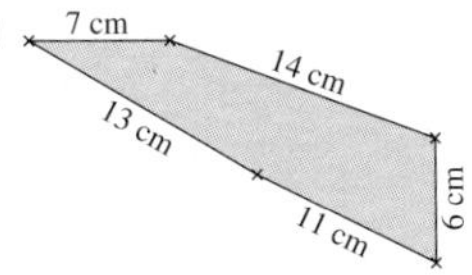

Es ist ein Fünfeck.

$u = 7\,cm + 14\,cm + 6\,cm + 11\,cm + 13\,cm$

$u = 51\,cm$

b)

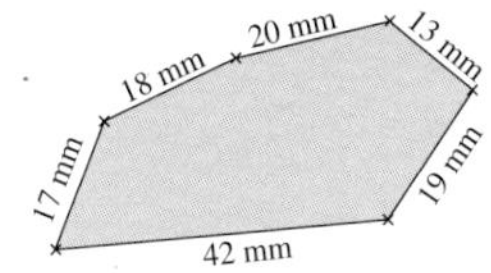

Es ist ein Sechseck.

$u = 17\,mm + 18\,mm + 20\,mm + 13\,mm +$

$19\,mm + 42\,mm$; $u = 129\,mm$

b)

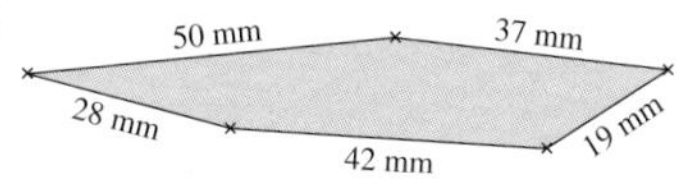

Es ist ein Fünfeck.

$u = 50\,mm + 37\,mm + 19\,mm + 42\,mm + 28\,mm$

$u = 176\,mm$

c)

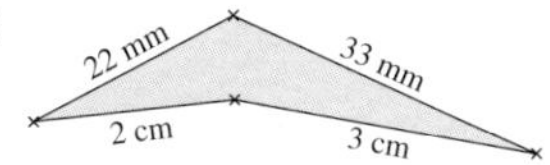

Es ist ein Viereck.

$u = 22\,mm + 33\,mm + 30\,mm + 20\,mm$

$u = 105\,mm$

Anwenden und Vernetzen

5 Dauerlauf um das rechteckige Schulgelände (Skizze rechts).

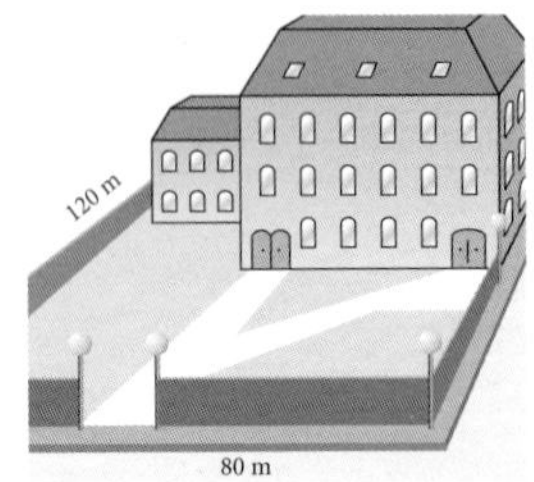

a) Wie lang ist eine Runde?

Rechnung: $u = 2 \cdot (120\,m + 80\,m) = 2 \cdot 200\,m = 400\,m$

Antwort: Eine Runde ist ca. 400 m lang.

b) Wie viele Runden müssen die Kinder bei einem 2000-m-Lauf laufen?

```
  2000 : 400 = 5
- 2000
     0
```

Antwort: Die Schüler müssen 5 Runden laufen.

6 Ein 40 m langes rechteckiges Grundstück soll mit einem Holzzaun eingezäunt werden. Man benötigt insgesamt 117 m Holzzaun, wobei die drei Meter lange Einfahrt frei bleibt. Wie breit ist das Grundstück?

$u = 117\,m + 3\,m = 120\,m$; $120\,m : 2 = 60\,m$; $60\,m - 40\,m = 20\,m$

Das Grundstück ist 20 m breit.

Wie breit wäre unter gleichen Bedingungen ein 50 m langes Grundstück?

$60\,m - 50\,m = 10\,m$ Das Grundstück wäre 10 m breit.

Vergleichen und Messen von Flächen

▶ Grundwissen

Der Flächeninhalt einer Figur wird oft mit „A“ bezeichnet.

$1\,m^2 =$ 100 dm^2 | $1\,dm^2 =$ 100 cm^2 | $1\,cm^2 =$ 100 mm^2

$1\,km^2 =$ 100 ha | 1 ha = 100 a | 1 a = 100 m^2

Flächeninhalt eines Rechtecks = Länge · Breite

▶ Auftrag: Fülle die Lücken aus.

Trainieren

1 Ordne die Figuren nach ihrem Flächeninhalt.

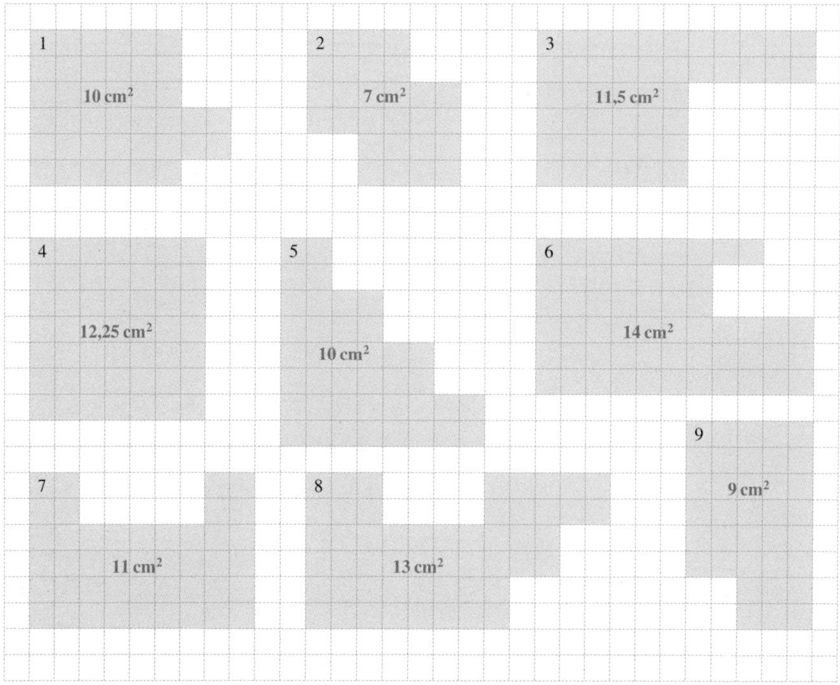

2 Rechne in die angegebene Einheit um.

a) $23\,cm^2 =$ 2300 mm^2
b) $600\,dm^2 =$ 6 m^2
c) $5900\,mm^2 =$ 59 cm^2
d) $86\,700\,m^2 =$ 867 a
e) $236\,dm^2 =$ 23 600 cm^2
f) 9500 ha = 95 km^2
g) $8\,cm^2 =$ 800 mm^2
h) $5000\,dm^2 =$ 50 m^2

3 Ordne der Größe nach. Beginne mit der kleinsten Größe.

a) $700\,dm^2$; $6\,m^2$; $16\,cm^2$; $65\,dm^2$; $8400\,mm^2$

$16\,cm^2$; $8400\,mm^2$; $65\,dm^2$; $6\,m^2$; $700\,dm^2$

b) $8000\,mm^2$; $800\,dm^2$; $80\,m^2$; $800\,m^2$; $80\,000\,cm^2$

$8000\,mm^2$; $800\,dm^2 = 80\,000\,cm^2$; $80\,m^2$; $800\,m^2$

c) $656\,cm^2$; $6{,}50\,m^2$; $66\,dm^2$; $50\,006\,mm^2$; $65\,mm^2$

$65\,mm^2$; $50\,006\,mm^2$; $656\,m^2$; $66\,dm^2$; $6{,}50\,m^2$

d) $40\,km^2$; 4000 ha; $0{,}4\,km^2$; 400 ha; $4\,km^2$

$0{,}4\,km^2$; $4\,km^2 = 400$ ha; $40\,km^2 = 4000$ ha

4 Vervollständige die Tabelle für Rechtecke.

Länge a	7 cm	18 m	30 m	9 cm	14 mm
Breite b	8 cm	33 m	20 m	14 cm	5 mm
Flächeninhalt A	$56\,cm^2$	$594\,m^2$	$600\,m^2$	$126\,cm^2$	$70\,mm^2$

Anwenden und Vernetzen

5 Davids Eltern erneuern in den Kinderzimmern die Fußbodenbeläge.

a) Davids Zimmer ist 4 m breit und 6 m lang. Es wird mit Teppichfliesen ausgelegt. Wie viele Teppichfliesen werden benötigt, wenn 9 Fliesen zusammen die Fläche eines Quadratmeters haben?

$A = 4\,m \cdot 6\,m = 24\,m^2$; $24 \cdot 9 = 216$

Es werden 216 Teppichfliesen benötigt.

b) Das Zimmer von Davids Schwester Sarah ist 5 m lang und 4 m breit. Sarah möchte einen Teppich, der pro m^2 15 € kostet. Die Eltern möchten aber einen anderen Teppich verlegen, der pro m^2 nur 13 € kostet. Wie groß ist der Preisunterschied?

$A = 5\,m \cdot 4\,m = 20\,m^2$; $20 \cdot 15\,€ \approx 300\,€$; $20 \cdot 13\,€ \approx 260\,€$; $300\,€ - 260\,€ = 40\,€$

Die Eltern können 40 € sparen, wenn sie den günstigeren Teppich verlegen.

c) Davids Bruder Tom behauptet, dass er das größte Kinderzimmer habe, denn es sei 3 m breit und 7 m lang. Stimmt Toms Behauptung?

$A = 3\,m \cdot 7\,m = 21\,m^2$

Es stimmt nicht, denn Davids Zimmer ist mit $24\,m^2$ das größte Zimmer.

Sein Zimmer ist aber um einen cm^2 größer als das Zimmer von Sarah.

d) Die Eltern können für die Fußböden insgesamt nicht mehr als 900 € bezahlen. Reicht das Geld aus, wenn in allen Zimmern der gleiche Teppichboden für 13 € pro m^2 verwendet werden soll? Reicht das Geld auch mit Sarahs Extrawunsch?

$24\,m^2 + 20\,m^2 + 21\,m^2 = 65\,m^2$; $65 \cdot 13\,€ = 845\,€$

$24\,m^2 + 21\,m^2 = 45\,m^2$; $45 \cdot 13\,€ + 20 \cdot 15\,€ = 585\,€ + 300\,€ = 885\,€$

In beiden Fällen würden die Eltern mit 900 € auskommen.

Brüche als Teile von Ganzen

▶ Grundwissen

Mit **Brüchen** können Teile eines Ganzen beschrieben werden. Wird ein Ganzes in 2, 3, 4, 5, 6, … gleich große Teile zerlegt, so erhält man Halbe, Drittel, Viertel, Fünftel, Sechstel, …
Dafür schreibt man $\frac{1}{2}; \frac{1}{3}; \frac{1}{4}; \frac{1}{5}; \frac{1}{6}; \ldots$

Gleiche Bruchteile können zu einem Bruch zusammengefasst werden. Dabei gibt der **Nenner** an, in wie viele gleich große Teile das Ganze unterteilt wurde. Der **Zähler** gibt an, wie viele dieser Teile genommen wurden.

$\frac{3}{4}$ – Zähler, Bruchstrich, Nenner

Es wurden $\frac{11}{12}$ eines Kuchens gegessen.

In wie viele gleich große Teile wurde der Kuchen geschnitten? **Der Kuchen wurde in 12 Teile geschnitten.**

Wie viele Teile des Kuchens wurden gegessen? **Es wurden 11 Teile gegessen.**

▶ Auftrag: Beantworte die Fragen.

Trainieren

1 Gib die gefärbte Fläche als Bruchteil der ganzen Figur an.

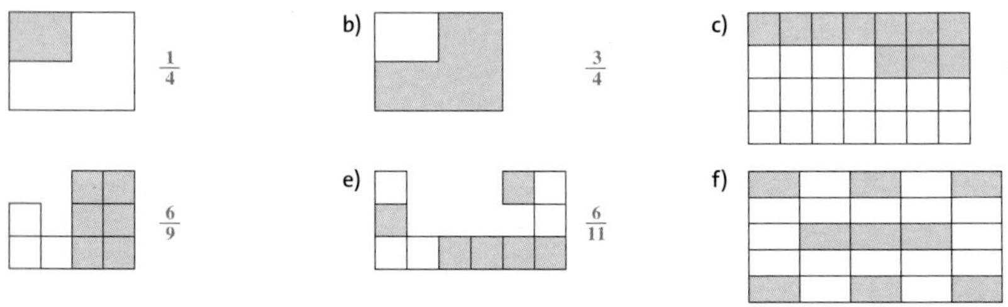

a) $\frac{1}{4}$ b) $\frac{3}{4}$ c) $\frac{10}{28}$ d) $\frac{6}{9}$ e) $\frac{6}{11}$ f) $\frac{9}{25}$

2 Markiere den angegebenen Bruchteil der Strecke farbig.

a) $\frac{3}{4}$ b) $\frac{5}{6}$ c) $\frac{1}{3}$ d) $\frac{1}{2}$ e) $\frac{1}{4}$ f) $\frac{2}{3}$

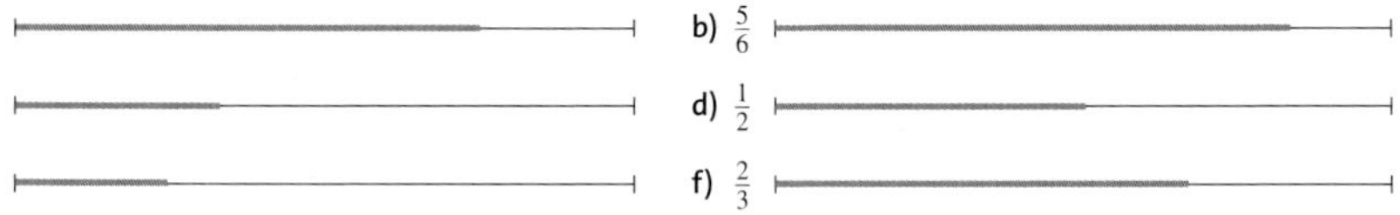

3 Gib die gefärbte Fläche als Bruchteil der ganzen Figur an.

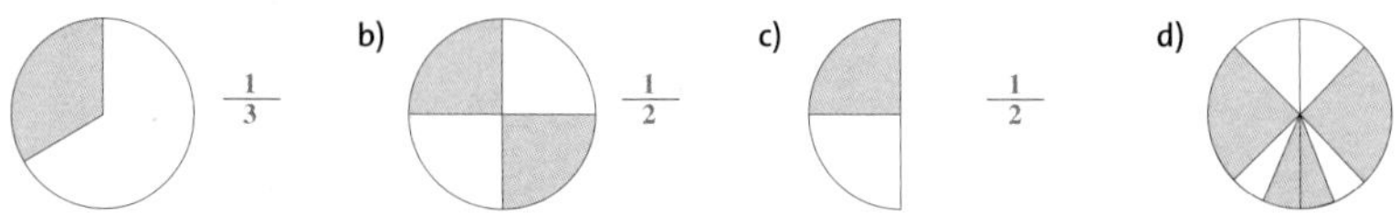

a) $\frac{1}{3}$ b) $\frac{1}{2}$ c) $\frac{1}{2}$ d) $\frac{10}{16}$

4 Markiere die folgenden Bruchteile farbig.

a) $\frac{7}{30}$ b) $\frac{2}{3}$ c) $\frac{7}{25}$ d) $\frac{3}{5}$

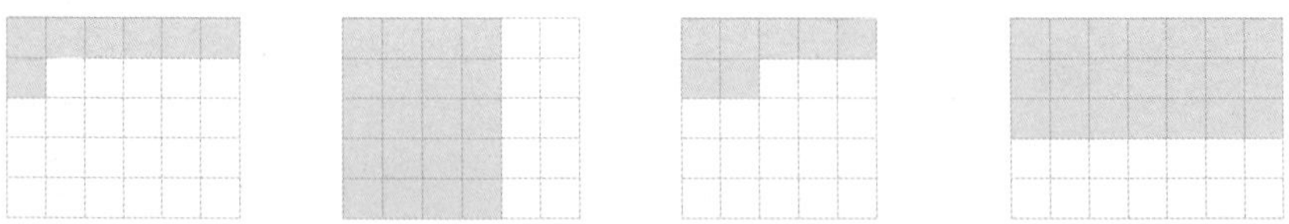

5 Bei den folgenden Figuren sollte ein Viertel der Fläche blau eingefärbt werden. Bei einigen Figuren wurden Fehler gemacht. Suche sie heraus und erkläre, was falsch ist.

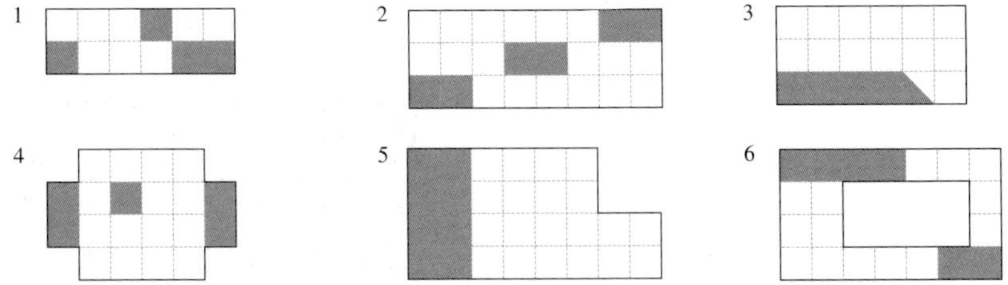

Figur Nr. 1 ist falsch. Von 12 Kästchen müssen 3 blau eingefärbt werden.

Figur Nr. 5 ist falsch. Von 28 Kästchen müssen 7 blau eingefärbt werden.

Figur Nr. 6 ist falsch. Von 20 Kästchen müssen 5 blau eingefärbt werden.

Anwenden und Vernetzen

6 Zeichne mit deinem Geodreieck

a) ein Rechteck mit $a = 6$ cm und $b = 3$ cm und teile es in $\frac{10}{10}$. Markiere $\frac{3}{10}$ farbig.

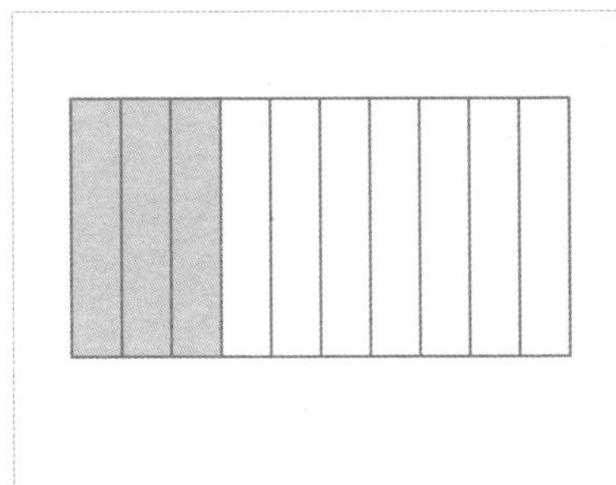

b) ein Quadrat mit $a = 5$ cm und teile es in $\frac{25}{25}$. Markiere $\frac{17}{25}$ farbig.

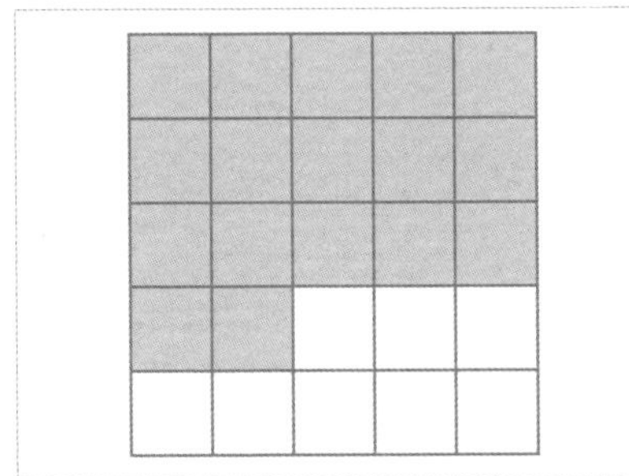

7 Eine Tischlerin soll für einen Kunden einen extravaganten Stuhl anfertigen. Der Kunde hat ihr einige Vorgaben gemacht, an die sich die Tischlerin halten soll. Die Sitzfläche des Stuhls soll halbkreisförmig sein. Die andere Kreisfläche soll zu gleichen Teilen jeweils unter den vier Stuhlbeinen angebracht werden. Zeichne eine Skizze des Holzzuschnitts und gib die zugehörigen Brüche an.

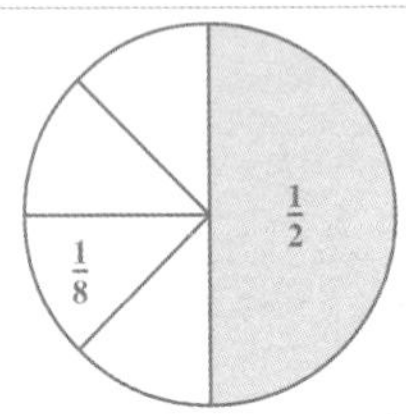

Anteil für ein Stuhlbein: $\frac{1}{8}$

Anteil für die Sitzfläche: $\frac{1}{2}$

Bruchteile von Größen

▶ Grundwissen

So wandelt man Brüche bei Größen in natürliche Zahlen um:
1. In die nächstkleinere Maßeinheit umwandeln,
2. durch den Nenner dividieren,
3. das Zwischenergebnis mit dem Zähler multiplizieren.

Auch beim Berechnen von Bruchteilen großer Mengen geht man ähnlich vor wie oben:
1. Erst dividiert man die Maßzahl durch den Nenner,
2. dann multipliziert man das Zwischenergebnis mit dem Zähler.

2 h = 120 min 120 min $\xrightarrow{:3}$ 40 min $\xrightarrow{\cdot 2}$ 80 min

$\frac{2}{3}$ von 2 Stunden sind 80 Minuten.

▶ Auftrag: Wie viele Minuten sind $\frac{2}{3}$ von 2 Stunden?

Trainieren

1 Rechne die folgenden Gewichte in Bruchteile der angegebenen Einheit um.

a) 400 g = $\frac{400}{1000}$ kg b) 20 g = $\frac{20}{1000}$ kg c) 6 g = $\frac{6}{1000}$ kg

d) 5 kg = $\frac{5}{1000}$ t e) 2 g = $\frac{2}{1000}$ kg f) 17 g = $\frac{17}{1000}$ kg

2 Rechne die folgenden Längen in Bruchteile der angegebenen Einheit um. Ordne der Größe nach.

a) 10 m = $\frac{10}{1000}$ km b) 30 mm = $\frac{30}{1000}$ m c) 10 000 cm = $\frac{10\,000}{100\,000}$ km

d) 45 cm = $\frac{45}{100}$ m e) 150 mm = $\frac{150}{1000}$ m f) 4 m = $\frac{4}{1000}$ km

g) 30 mm < 150 mm < 45 cm < 4 m < 10 m < 10 000 cm

3 Rechne in die angegebene Einheit um.

a) 800 000 g = $\frac{800\,000}{1\,000\,000}$ t b) 351 g = $\frac{351}{1000}$ kg c) 34 000 cm = $\frac{34\,000}{100\,000}$ km

d) 13 g = $\frac{13}{1000}$ kg e) 45 cm = $\frac{45}{100}$ m f) 605 m = $\frac{605}{1000}$ km

4 Gib in der nächstkleineren Einheit an.

a) $\frac{1}{4}$ von 5 km — 5 km = 5000 m; 5000 m : 4 = 1250 m; $\frac{1}{4}$ von 5 km = 1250 m

b) $\frac{3}{5}$ von 4 kg — 4 kg = 4000 g; 4000 g : 5 = 800 g; 800 g · 3 = 2400 g; $\frac{3}{5}$ von 4 kg = 2400 g

c) $\frac{7}{10}$ von 60 t — 60 000 kg : 10 = 6000 kg; 6000 kg · 7 = 42 000 kg; $\frac{7}{10}$ von 60 t = 42 000 kg

d) $\frac{11}{15}$ von 90 m — 90 m = 900 dm; 900 dm : 15 = 60 dm; 60 dm · 11 = 660 dm; $\frac{11}{15}$ von 90 m = 660 dm

5 Berechne den Bruchteil.

a) $\frac{1}{10}$ m = 10 cm b) $\frac{3}{5}$ kg = 600 g c) $\frac{3}{20}$ dm = 15 mm

d) $\frac{9}{25}$ km = 360 m e) $\frac{3}{8}$ t = 375 kg f) $\frac{4}{15}$ h = 16 min

g) $\frac{1}{12}$ d = 120 min h) $\frac{5}{8}$ g = 625 mg i) $\frac{5}{6}$ min = 50 s

6 Rechne die Zeiten jeweils um.

a) Gib in Minuten an.

$\frac{3}{4}$ h — 1 h = 60 min; 60 min : 4 = 15 min; 15 min · 3 = 45 min

$\frac{7}{20}$ h — 1 h = 60 min; 60 min : 20 = 3 min; 3 min · 7 = 21 min

$4\frac{1}{4}$ h — 4 h = 240 min; 60 min : 4 = 15 min; 240 min + 15 min = 255 min

b) Gib in Monaten an.

$\frac{5}{6}$ Jahr — 1 J. = 12 Monate; 12 Monate : 6 = 2 Monate; 2 Monate · 5 = 10 Monate

$2\frac{2}{3}$ Jahre — 2 J. = 24 Monate; 12 Monate : 3 = 4 Monate; 4 Monate · 2 = 8 Monate; (24 + 8) Monate = 32 Monate

c) Gib in Stunden an.

$\frac{7}{12}$ Tag — 1 Tag = 24 h; 24 h : 12 = 2 h; 2 h · 7 = 14 h

$3\frac{5}{6}$ Tage — 3 Tag = 72 h; 24 h : 6 = 4 h; 4 h · 5 = 20 h; 72 h + 20 h = 92 h

Anwenden und Vernetzen

7 Ein Staffellauf von gemischten Klassenstufen soll geplant werden. Die Gesamtstrecke der Staffel beträgt 2 Kilometer (km). Die Gruppe besteht aus 4 Klassenstufen.
Die Fünftklässler sollen $\frac{1}{10}$, die Sechstklässler $\frac{3}{20}$, die Siebtklässler $\frac{1}{4}$ und die Achtklässler $\frac{1}{2}$ der Strecke laufen.
Wie viel Meter muss die jeweilige Klassenstufe zurücklegen?

Die Fünftklässler laufen 200 m, die Sechstklässler 300 m, die Siebtklässler 500 m und die Achtklässler 1000 m der Strecke.

8 Jenny ist Klassensprecherin von 25 Schülern in der Klasse 6b und soll die Anzahlung für die Klassenfahrt einsammeln. Heute werden 555 € eingesammelt. Das sind $\frac{1}{5}$ der Gesamtsumme. Wie viel kostet die Klassenfahrt pro Schüler?

```
 555 € · 5 = 2775 €

 2775 € : 25 = 111 €
-25
  27
 -25
   25
  -25
    0
```

Die Klassenfahrt kostet pro Schüler 111,00 €.

Kapitel Daten

1 Fasse folgende Angaben in einer Tabelle zusammen.
– Saskia ist 12 Jahre alt. Sie ist 1,65 m groß, wiegt 61 kg und sie isst am liebsten Pizza.
– Lucas ist 11 Jahre alt. Er ist 1,68 m groß, wiegt 65 kg und mag am liebsten Döner Kebab.
– Tabea ist 11 Jahre alt. Ihr Leibgericht sind Nudeln. Sie wiegt 57 kg und ist 1,66 m groß.
– Quentin isst am liebsten Fischstäbchen. Er ist 12 Jahre alt, wiegt 71 kg und ist 1,70 m groß.

Name	Alter	Körpergröße in m	Gewicht in kg	Lieblingsessen
Saskia	12	1,65	61	Pizza
Lucas	11	1,68	65	Döner Kebab
Tabea	11	1,66	57	Nudeln
Quentin	12	1,70	71	Fischstäbchen

2 a) Trage die Strichliste jeweils ein.

Haustier	Strichliste	Häufigkeit
Hund	𝍸 /	6
Katze	////	4
Fische	𝍸 ///	8
Hamster	///	3

b) Trage die Häufigkeiten jeweils ein.

Automarke	Strichliste	Häufigkeit
Opel	𝍸 𝍸	10
Mercedes	𝍸 /	6
Volkswagen	𝍸 ////	9
BMW	///	3

3 Übertrage die folgenden Daten in ein Säulendiagramm. Die Schüler der 5 b der Helene-Lange-Realschule lesen gerne.

Anzahl Bücher pro Jahr	Häufigkeit der Schüler
6	2
8	5
10	8
12	9

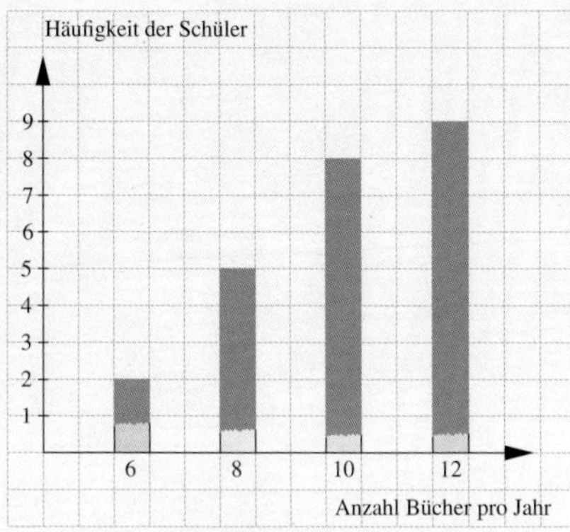

4 Die Tabelle zeigt die Durchschnittstemperaturen von London im ersten Halbjahr 2011. Bestimme das Maximum, Minimum und die Spannweite der Temperatur.

London	
Monat	[°C]
Jan	3
Feb	4
Mar	6
Apr	8
Mai	11
Jun	14

Temperatur

Maximum: Das Maximum beträgt 14 °C.

Minimum: Das Minimum beträgt 3 °C.

Spannweite: 14 °C – 3 °C = 11 °C Die Spannweite beträgt 11 °C.

Kapitel Die natürlichen Zahlen

1 Welche Zahlen gehören zu den Buchstaben am Zahlenstrahl?

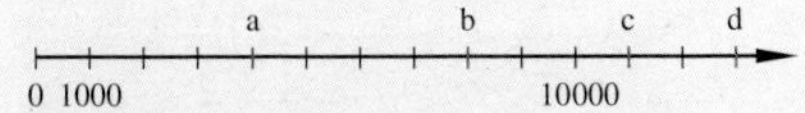

a) 4000 b) 8000

c) 11 000 d) 13 000

2 Ordne. Beginne mit der größten Zahl.

a) 3500; 35 000 000; 350 000; 35 000

35 000 000 > 350 000 > 35 000 > 3500

b) 60 000; 6000; 6 000 000; 600 000

6 000 000 > 600 000 > 60 000 > 6000

3 Trage die folgenden Zahlen in die Stellenwerttafel ein.

a) 83 Milliarden b) 712 000 098

c) 6 Billionen siebentausendunddrei d) 13 000 013 001 300

	HBio.	ZBio	Bio.	HMrd.	ZMrd.	Mrd.	HMio.	ZMio.	Mio.	HT	ZT	T	H	Z	E
a)					8	3	0	0	0	0	0	0	0	0	0
b)							7	1	2	0	0	0	0	9	8
c)			6	0	0	0	0	0	0	0	0	7	0	0	3
d)		1	3	0	0	0	0	1	3	0	0	1	3	0	0

4 Die folgenden Zahlen sind bereits auf volle Tausender gerundet worden. Nenne jeweils drei mögliche Ausgangszahlen.

a) 40 000 b) 100 000 000

z.B. 39 990; 40 001, 40 499 z. B. 99 999 500; 100 000 001; 100 000 449

5 Schreibe mit römischen Zahlzeichen.

a) 36 = XXXVI b) 99 = XCIX

c) 457 = CDLVII d) 2348 = MMCCCXLVIII

6 Nenne Vorgänger und Nachfolger der angegebenen Zahl.

a) 79 890 600 400 b) 79 999 999

79 890 600 399; 79 890 600 400; 79 890 600 401 79 999 998; 79 999 999; 80 000 000

7 Runde.

264 928 375

auf Hunderter: 264 928 400

auf Zehner: 264 928 380

auf Zehntausender: 264 930 000

auf Millionen: 265 000 000

auf Hundertmillionen: 300 000 000

auf Hunderttausender: 264 900 000

auf Tausender: 264 928 000

auf Zehnmillionen: 260 000 000

Kapitel Grundbegriffe der Geometrie

1 Schiff im Koordinatensystem

a) Gib die Koordinaten der Punkte an.

A (3 ; 5) *B* (6 ; 5) *C* (7 ; 6)

D (6 ; 6) *E* (6 ; 7) *F* (4 ; 7)

G (4 ; 6) *H* (2 ; 6)

b) Welche Strecken sind parallel zueinander?

$\overline{AB} \parallel \overline{CD} \parallel \overline{EF} \parallel \overline{GH}$; $\overline{DE} \parallel \overline{FG}$

c) Welche Strecken sind senkrecht zueinander?

$\overline{CD} \perp \overline{DE}$; $\overline{DE} \perp \overline{EF}$; $\overline{EF} \perp \overline{FG}$; $\overline{FG} \perp \overline{HG}$

d) Zeichne die gleiche Figur in das Koordinatensystem ein, wenn für die neuen Punkte A' und E' gilt: $A'(1 ; 1)$ und $E'(4 ; 3)$.

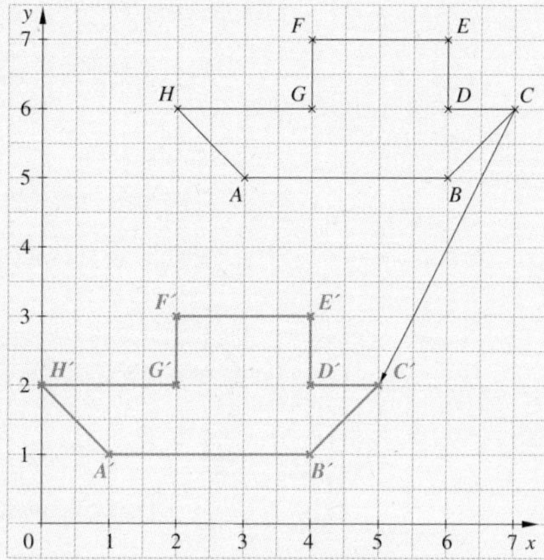

2 Zeichne zur Geraden *a* zwei Punkte *C* und *D* auf der gleichen Seite der Geraden so, dass sie jeweils einen Abstand von 3 cm von der Geraden *a* haben.
Zeichne die Gerade *b* durch die Punkte *C* und *D*.
Errichte auf den Punkten *A* und *B* jeweils eine Senkrechte auf der Geraden *a*.

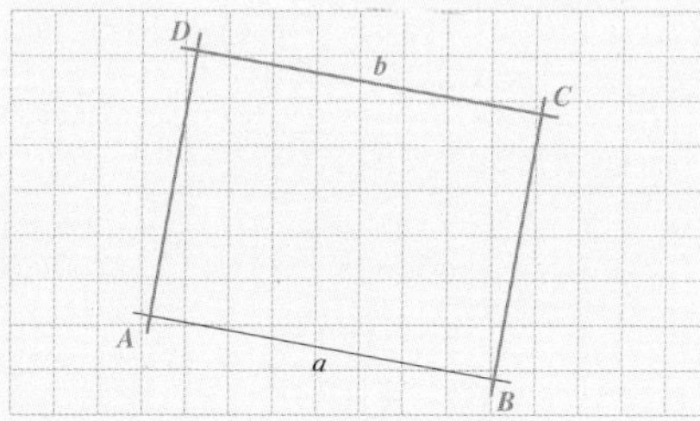

3 Zeichne die folgenden Kreise in das Koordinatensystem ein. Was fällt dir auf?

a) Mittelpunkt *M* (3 | 6); *r* = 1,5

b) Mittelpunkt *M* (7 | 6); *r* = 2,5

Beide Kreise berühren sich.

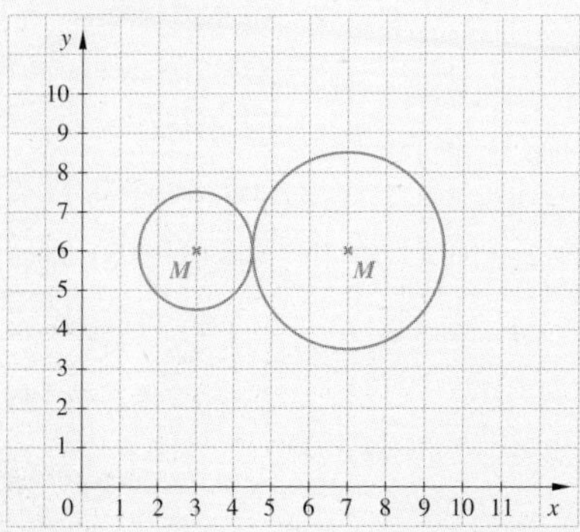

4 Spiegle die Figur an der Geraden *g*.

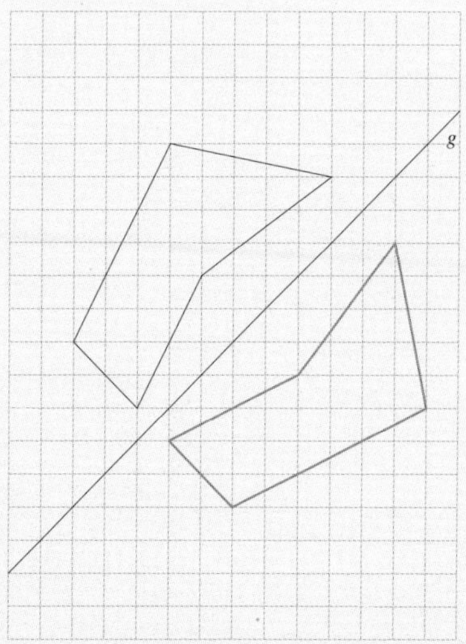

Kapitel Natürliche Zahlen addieren und subtrahieren

1 Überschlage zuerst und addiere dann schriftlich.

a)

	ZT	T	H	Z	E
		4	2	5	8
+		$_1$	8	3	1
		5	0	8	9

Überschlag: 4300 + 800 = 5100

b)

	ZT	T	H	Z	E
		3	4	5	6
			7	8	9
+		$_1$	2$_1$	1$_1$	1
		4	4	5	6

Überschlag: 3500 + 800 + 200 = 4500

2 Überschlage zuerst und subtrahiere dann schriftlich.

a)

	ZT	T	H	Z	E
		5	0	4	3
–		3$_1$	3	1$_1$	9
		1	7	2	4

Überschlag: 5000 – 3300 = 1700

b)

	ZT	T	H	Z	E
		9	2	1	6
		6	3	2	5
–		$_1$	5$_1$	6	0
		2	3	3	1

Überschlag: 9000 – 6000 – 600 = 2400

3 Berechne folgende Subtraktionen.

a) (44 + 88) – (44 + 66) = 132 – 110 = 22

b) (67 + 88) – (74 – 66) = 155 – 8 = 147

c) (194 – 88) – (48 + 56) = 106 – 104 = 2

d) (94 – 28) – (72 – 48) = 66 – 24 = 42

e) Beschreibe in eigenen Worten die Klammerregel, mit der sich die Aufgaben **a** bis **d** lösen lassen.

Ausdrücke in Klammern werden zuerst berechnet und dann die Ergebnisse subtrahiert.

4 Gib die im Text enthaltene Aufgabe mit Klammern an und löse sie mithilfe des Rechenbaumes.

Berechne die Differenz zwischen der Summe der beiden Zahlen achtunddreißig und vierzig und der Differenz der beiden Zahlen neunundvierzig und eins.

(38 + 40) – (49 – 1)

= 78 – 48

= 30

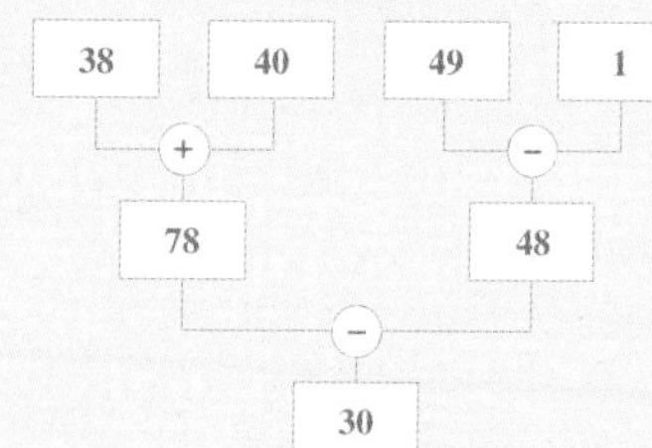

5 **a)** Wie viel ergeben 5,2 m und 234 cm in Zentimeter?

520 cm + 234 cm = 754 cm

b) Wie viel ergeben 5,2 m – 168 cm in Zentimeter?

520 cm – 168 cm = 352 cm

Kapitel **Größen**

1 Rechne in Tonnen um.

a) 4000 kg = 4 t b) 19 000 kg = 19 t c) 3 t 160 kg = 3,16 t

d) 32 t 150 kg = 32,15 t e) 7880 kg = 7,88 t f) 26 030 kg = 26,03 t

g) 87 009 kg = 87,009 t h) 700 kg = 0,7 t i) 1 kg = 0,001 t

2 Gib die Gesamtlänge der blauen Linien des Sterns in Millimeter, Zentimeter und Dezimeter an.

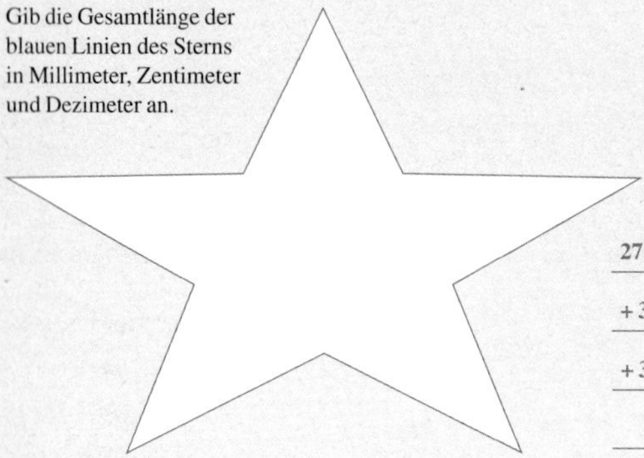

27 mm + 36 mm + 33 mm + 27 mm

+ 34 mm + 34 mm + 27 mm + 33 mm

+ 36 mm + 27 mm = 314 mm = 31,4 cm = 3,14 dm

3 Fülle die Lücken aus.

a) Stuttgart —4 h 25 min→ München
15.04 Uhr   19.29 Uhr

b) Stuttgart —2 h 51 min→ Freiburg
12.48. Uhr   15.39 Uhr

c) Berlin —5 h 15 min→ Stuttgart
14.24 Uhr   19.39 Uhr

4 Berechne. Achte auf die Einheiten.

a) 24 t + 280 kg = 24 280 kg

b) 750 ml + 3,8 l = 4,55 l

c) 4,2 km − 7259 dm = 3474,1 m

d) 980 ct = 9,80 €

e) 120 005 ct = 1200,05 €

f) 720 ct = 7,20 €

5 Auf der Kirmes gelten folgende Preise und Fahrtzeiten: Achterbahn (5 €; 1 min 42 s), Selbstfahrer (3 €; 2 min 30 s), Kettenkarussell (2,50 €; 90 s). Jan überlegt, wie lange er bei jeder der drei Attraktionen mit 10 Euro jeweils fahren kann. Mit welchem Fahrbetrieb kann er am längsten fahren?

Achterbahn: 2 · 102 s = 204 s = 3 min 24 s; Selbstfahrer: 3 · 150 s = 450 s = 7 min 30 s

Kettenkarussel: 4 · 90 s = 360 s = 6 min. Mit dem Selbstfahrer fährt man am längsten.

6 Rechne in die angegebenen Einheiten um.

a) 1,1 kg = 1100 g b) 87 € und 56 ct = 8756 ct

c) 78 t = 78 000 kg d) 24 912 ct = 249,12 €

e) 3,486 t = 3486 kg f) 430 mm = 43 cm

Kapitel **Natürliche Zahlen multiplizieren und dividieren**

1 Überschlage zuerst und multipliziere dann schriftlich.

```
2 3 4 · 1 9
    2 3 4
+   2 1 0 6
    4 4 4 6
```

Überschlag: 230 · 20 = 4600

2 Dividiere schriftlich.

```
5 8 2 0 : 7 = 8 3 1   Rest 3
-5 6
   2 2
  -2 1
     1 0
    -  7
       3
```

3 Susi kauft für sich und ihre vier Geschwister in einem Spielzeugladen je einen Beutel mit 80 roten Murmeln und 60 blauen Murmeln.

a) Wie viel Murmeln sind das insgesamt und wie viele bleiben pro Person bei gerechter Aufteilung?

80 + 60 = 140 Susi kauft 140 Murmeln; 140 : 5 = 28 Jedes Kind erhält 28 Murmeln.

b) Susi hat etwas Geld von ihrem Onkel bekommen und kann nun 6-mal die roten und blauen Murmeln kaufen. Ihr Onkel will dafür aber 25 Murmeln abbekommen. Wie viel Murmeln sind das für die Kinder? Wie viel Murmeln erhält nun jedes Kind?

6 · 140 = 840 Susi kauft insgesamt 840 Murmeln. 840 − 25 = 815; 815 : 5 = 163 Jedes Kind erhält 163 Murmeln.

4 Ergänze die fehlenden Ziffern.

a)
```
1 5 0 2 5 : 2 5 = 6 0 1
-1 5 0
     0 2
    -  0
     2 5
    -2 5
       0
```

b)
```
3 2 9 3 0 : 3 7 = 8 9 0
-2 9 6
   3 3 3
  -3 3 3
       0 0
      -0 0
       0 0
```

c)
```
5 4 8 · 3 7
  1 6 4 4 0
+   3 8 3 6
  2 0 2 7 6
```

d)
```
9 7 8 5 · 6 5 0
  5 8 7 1 0 0 0
+   4 8 9 2 5 0
  6 3 6 0 2 5 0
```

5 Berechne.

a) (255 − 165) : (16 + 14) = 90 : 30 = 3 b) (18 + 82) · (60 − 35) = 100 · 25 = 2500

c) 88 : 11 + 24 : 2 = 8 + 12 = 20 d) 12 · 10 : (30 − 6) = 120 : 24 = 5

e) (28 + 32) : 15 = 60 : 15 = 4 f) 5 · (19 − 3 · 3 + 3) = 5 · 13 = 65

g) (28 : 7 + 30 : 10) · 5 − (12 − 4) · (10 − 6) = 7 · 5 − 8 · 4 = 35 − 32 = 3

6 Vervollständige zu richtig gelösten Aufgaben.

a) 1200 : 100 = 12 b) 98 : 7 = 14 c) 576 : 18 = 32

Kapitel Flächen

1 Berechne die Umfänge der Rechtecke.

Länge a	4 cm	15 cm	1 dm	43 cm
Breite b	8 cm	90 mm	7 cm	848 mm
Umfang u	24 cm	48 cm	34 cm	2556 mm

2 Zeichne ein Rechteck mit 18 cm Umfang.

((Zum Beispiel 6 cm lang, 3 cm breit.))

3 Rechne in die angegebene Einheit um.

a) $2400\ mm^2 =$ 24 cm^2 **b)** $28\ m^2 =$ 2800 dm^2

4 Berechne die Flächeninhalte der Rechtecke.

Länge a	4,5 cm	7 m	300 mm	13 cm
Breite b	2 cm	60 dm	72 dm	569 mm
Flächeninhalt A	$9\ cm^2$	$42\ m^2$	$216\ dm^2$	$73\,970\ mm^2$

5 Zeichne ein Rechteck mit $15\ cm^2$ Flächeninhalt.

((Zum Beispiel 5 cm lang, 3 cm breit.))

6 Ordne die Figuren nach ihrem Flächeninhalt. 2 (kleinster); 1 und 3 (größter)

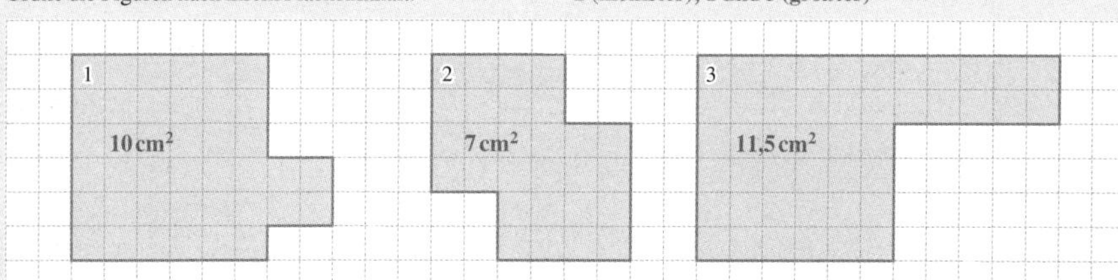

Kapitel Bruchteile

1 Markiere die folgenden Bruchteile farbig.

a) $\frac{9}{25}$

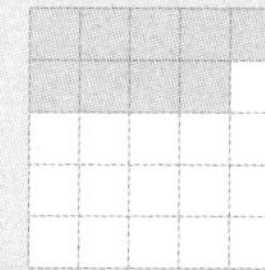

b) $\frac{3}{4}$

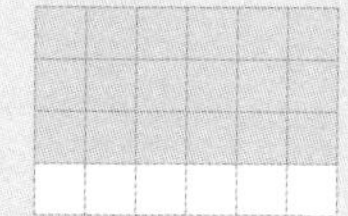

c) $\frac{11}{25}$

d) $\frac{4}{5}$

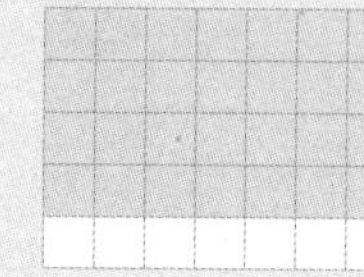

2 Berechne im Kopf. Gib das Ergebnis, falls notwendig, in der nächstkleineren Einheit an.

a) 1 Siebtel von 70 Schafen 10 Schafe
b) 1 Zehntel von 80 Hunden 8 Hunde
c) 2 Achtel von 40 Äpfeln 10 Äpfel
d) 2 Fünftel von 30 Kirschen 12 Kirschen
e) 3 Viertel von 60 Fotos 45 Fotos
f) 3 Sechstel von 60 Bildern 30 Bilder
g) 5 Neuntel von 63 Euro 35 Euro
h) 7 Achtel von 88 Dollar 77 Dollar
i) 1 Drittel von 1 Stunde 20 Minuten
j) 5 Sechstel von 1 Jahr 10 Monate
k) 3 Viertel von 1 Tag 18 Stunden
l) 3 Zwanzigstel von 1 m 15 cm

3 Berechne den Bruchteil.

a) $\frac{3}{4}$ von 30 € 30 € = 3000 ct; 3000 ct $\xrightarrow{:4}$ 750 ct $\xrightarrow{\cdot 3}$ 2250 ct = 22,50 €

b) $\frac{5}{6}$ von 4,2 kg 4,2 kg = 4200 g; 4200 g $\xrightarrow{:6}$ 700 g $\xrightarrow{\cdot 5}$ 3500 g = 3,5 kg

c) $\frac{5}{12}$ von 6 m 6 m = 600 cm; 600 cm $\xrightarrow{:12}$ 50 cm $\xrightarrow{\cdot 5}$ 250 cm = 2,5 m

d) $\frac{3}{8}$ von 36 t 36 t = 36 000 kg; 36 000 kg $\xrightarrow{:8}$ 4500 kg $\xrightarrow{\cdot 3}$ 13 500 kg = 13,5 t

4 In einer Schachtel befinden sich gelbe, rote und grüne Kugeln.

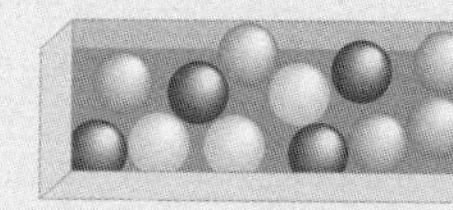

a) Bestimme von jeder Kugelfarbe den Bruchteil an der Gesamtzahl der Kugeln.

Insgesamt sind es 12 Kugeln.

Es gibt 3 gelbe Kugeln. $\frac{3}{12}$ der Kugeln sind gelb. Es gibt 4 rote Kugeln. $\frac{4}{12}$ der Kugeln sind rot.

Es gibt 5 grüne Kugeln. $\frac{5}{12}$ der Kugeln sind grün.

b) Stell dir vor, es werden noch drei rote Kugeln hinzugelegt. Welche Bruchteile ergeben sich dann für die Farben?

Insgesamt sind es dann 15 Kugeln. Es gibt 3 gelbe Kugeln. $\frac{3}{15}$ der Kugeln sind gelb.

Es gibt 7 rote Kugeln. $\frac{7}{15}$ der Kugeln sind rot. Es gibt 5 grüne Kugeln. $\frac{5}{15}$ der Kugeln sind grün.

c) Angenommen, die Schachtel in a) enthält noch 8 blaue Kugeln. Wie sieht es dann aus?

$\frac{3}{20}$ der Kugeln sind gelb. $\frac{4}{20} = \frac{1}{5}$ der Kugeln sind rot.

$\frac{5}{20} = \frac{1}{4}$ der Kugeln sind grün. $\frac{8}{20} = \frac{2}{5}$ der Kugeln sind blau.

Jahrgangsstufentest

1 Lies die Datenliste genau durch und bestimme das Maximum, das Minimum und die Spannweite.
222; 438; 15; 27; 138; 95; 971; 563; 17; 399; 812

Maximum: 971 Minimum: 15 Spannweite: 971 – 15 = 956

2 Paul besitzt ein Reisebüro. Er muss Reisen für 6000 € pro Tag verkaufen, um seine Kosten (Miete, Gehälter…) zu decken. Er verkaufte bis 14 Uhr Reisen für 1970 €, 1260 €, 525 € und 740 €.

Frage: **Wie viel Geld muss Paul heute mindestens noch einnehmen?**

Rechnung:

	6	0	0	0
–	1	9	7	0
–	1	2	6	0
–		5	2	5
–	₃	7₂	4₁	0
	1	5	0	5

Antwort: **Paul muss noch 1505 € einnehmen.**

3 Der Zuschauerraum eines Theater hat 24 Reihen mit jeweils 36 Sitzplätzen.

Frage: **Wie viele Sitzplätze hat das Theater?**

Rechnung:

2	4	·	3	6
		7	2	
	+	1	4	4
		8	6	4

Antwort: **Das Theater hat 864 Sitzplätze.**

4 Zeichne auf der Geraden *a* eine Strecke mit einer Länge von 1,7 cm und den Endpunkten *A* und *B*. Zeichne auf *A* und *B* jeweils senkrechte Geraden *c* und *d*. Bestimme auf *c* und *d* jeweils einen Punkt auf der selben Seite von *a*, der von der Geraden *a* 6 cm entfernt ist. Verbinde beide Punkte durch eine Gerade *b*.

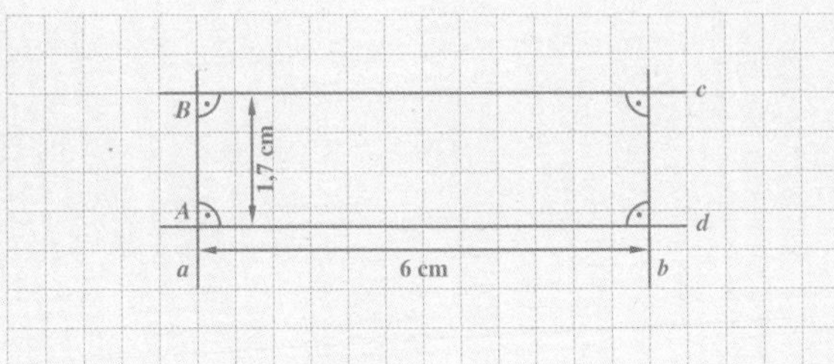

5 Schreibe mit Ziffern

a) sechs Milliarden drei Millionen fünfzehntausendundacht 6 003 015 008

b) eine Billion sieben Milliarden vierhunderttausendundfünfzig 1 007 000 400 050

6 Schreibe mit römischen Zahlzeichen.

a) 69 = LXIX b) 74 = LXXIV

c) 199 = CXCIX d) 428 = CDXXVIII

7 Schreibe in Euro.

a) 7 ct = 0,07 € b) 67 ct = 0,67 € c) 238 ct = 2,38 €

d) 701 ct = 7,01 € e) 2009 ct = 20,09 € f) 20030 ct = 200,30 €

8 Gib die Zeitspanne zwischen folgenden Zeiten in der vorgegebenen Einheit an.

a) 07.04. 11.00 Uhr bis 08.04. 13 Uhr 26 h

b) 06.04 12.15 Uhr bis 07.04. 17. 28 Uhr 1753 min

9 Spiegle die Figur an der Geraden *g* und gib die Koordinaten der Originalpunkte und der Bildpunkte an.

A (2|2)
B (1|4)
C (2|6)
D (5|10)
E (9|9)
A' (2|2)
B' (4|1)
C' (6|2)
D' (10|5)
E' (9|9)

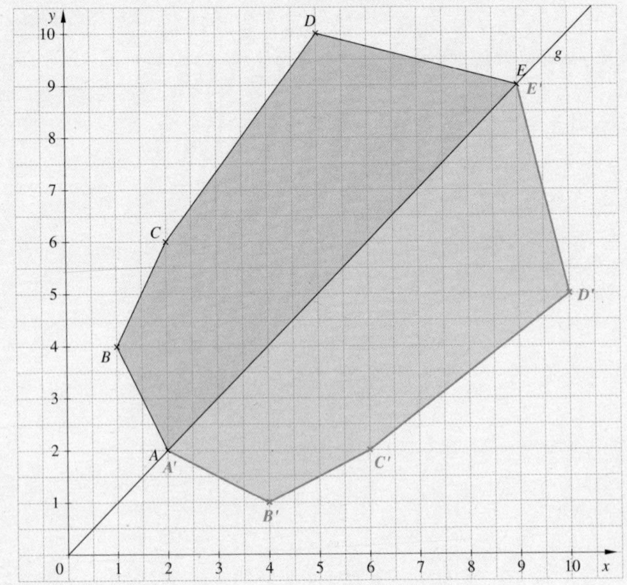

10 Löse zuerst die Klammern auf und berechne dann die Lösungen.

a) $(140 + 75) : 5 =$ $140 : 5 + 75 : 5 = 28 + 15 = 43$

b) $9 \cdot (78 - 11) =$ $9 \cdot 78 - 9 \cdot 11 = 702 - 99 = 603$

11 Wende das Distributivgesetz (Vertauschungsgesetz) an und berechne die Lösungen.

a) $8 \cdot 16 + 8 \cdot 19 =$ $8 \cdot (16 + 19) = 8 \cdot 35 = 280$

b) $41 \cdot 10 - 41 \cdot 4 =$ $41 \cdot (10 - 4) = 41 \cdot 6 = 246$

12 Berechne die Anteile.

a) $\frac{3}{4}$ von 8 € 80 kg $\xrightarrow{:4}$ 20 kg $\xrightarrow{\cdot 3}$ 60 kg $\frac{3}{4}$ von 80 kg sind 60 kg.

b) $\frac{2}{3}$ von 960 km 960 km $\xrightarrow{:3}$ 320 km $\xrightarrow{\cdot 2}$ 640 km $\frac{2}{3}$ von 960 km sind 640 km.

c) $\frac{9}{10}$ von 1800 l 1800 l $\xrightarrow{:10}$ 180 l $\xrightarrow{\cdot 9}$ 1620 l $\frac{9}{10}$ von 1800 l sind 1620 l.

13 Berechne die wirkliche Entfernung in Meter.

a) Auf einer Karte im Maßstab 1 : 50 000 beträgt die Entfernung 9 cm.

1 cm entspricht 50 000 cm = 500 m; 500 m · 9 = 4500 m Die wirkliche Entfernung beträgt 4500 m.